自治体職員の評価力を高める

人事評価&目標管理の基礎

桜井義男

日本コンサルタントグループ

はじめに

これまで自治体の多くは人材育成に主眼を置いて評価制度を運用してきました。人材育成では「効果性」が問われますので、被評価者である部下から「評価をしてもらってよかった。大変勉強になった」という反応を引き出すことができてはじめて、所期の目的を果たすことができたと言えるでしょう。

これまで、と限定的に申し上げたのは、今後は変わる可能性があるということです。周知のとおり、平成二六年四月に、地方公務員法の一部を改正する法案が国会を通過し、翌五月一四日に公布され、公布日から二年を超えない範囲において政令で定める日に施行することが決まりました。「職員がその職務を遂行するにあたり発揮した能力及び挙げた業績を把握した上で行われる人事評価制度を導入し、これを任用、給与、分限その他の人事管理の基礎とする」とされ、能力、実績に基づく人事管理の徹底が法律で義務づけられました。

人事管理の基本理念は、公平処遇、働きがいのある職場づくり、そして生産性の向上です（『人事考課の手引』楠田丘著、日本経済新聞社）。人事評価は人事管理の中核システムですが、自治体のこれまでの取り組みはどちらかというと、職員からの抵抗が少ない人材育成を前面に打ち出して試行・運用がされてきた経緯があります。しかし、人事評価が法制化されたことで、今後は人材育成だけではなく、公平な処遇を実現していく基礎資料としてのウェイトが高まることが当然予想されます。

人事理念を実現していくうえで、職員の職務行動や実績をなんらかの形で処遇に反映させていくこと、職員個々の能力を積極的に開発し十分に活用することは不可欠で、本来の人事評価制度の運用に近づけていく路線がしっかりと敷かれたことはまちがいのないところです。

評価者は、好むと好まざるとにかかわらず、人事評価と向き合い、不断の努力で評価能力を磨いていくことが求められます。部下と日常的なコミュニケーションをとって、情報を共有し、信頼関係をつくり、マネジメントを実践していくことが必要になります。「面倒くさい作業がまたひとつ増えた」ではなく、「人事評価は管理者の本来業務である」との理解と自覚が必要です。

本書は、自治体職員を対象に、目標管理と人事評価の基本を分かりやすく解説し、人事評価を実践していく力を身につけることを目的としています。初めて評価に向う人、評価のコツやポイントをつかめないでいる人、評価の仕方を基本から見直して評価技術を高めたいと考えている管理者・評価者が主たる対象者です。さらには、被評価者にも読んでいただきたい内容です。評価制度の運用においては、被評価者にも評価者とおなじように、評価についての基本理解が必要です。被評価者も自己評価をしますのでその意味では評価者であると言えます。

「評価」に親しむとともに、演習問題を交えて、学習のポイントを明確にし、読者の理解を確認しながら、研修ライブで読み進められるような記述を心がけました。

筆者の仕事は、三割が人事評価に関連した研修ですが、ベースになっているのは人材アセスメントの技術です。人事評価が、被評価者のある期間内における現実の職務行動を評価の対象とするのに対し、人材アセスメントは、被評価者が将来、ある役割を与えられたときにどれだけ上手にその役を演ずることができるかを分析し、可能性を評価する人材診断の手法です。

そこでは、ある役割を担うと必ず直面するであろう場面を演習課題として与え、その課題状況の下で、被評価者が何を考え、どのように行動し、どんな結果をもたらしたかを、つぶさに観察し、記録に残します。その行動観察記録を分析して、能力項目と結びつけ、矛盾なく全体を説明できるようなプロフィール（評点）に落とし込む作業をしていきます。昇進、昇格、選抜、任用などの適否を判定する基礎資料として先進企業では広く導入されているものです。評価の実務をシミュレーションの世界で繰り返し実践しているのが、筆者の仕事です。人の行動を観察し評価をするプロセスは、人事評価も人材アセスメントも基本的にはおなじです。

自治体向けの人事評価に関する本は数多く出版されていますがその中で、評価者の評価能力や技術を高めるところに焦点を当てたものはそう多くないように思われます。本書は、筆者の評価者研修の経験と人材アセスメントで身に付けた行動観察の枠組みや着眼の視点を多くとり入れたところに、評価者にとって役立つヒントや気づきがあるものとひそかに自負するところです。

本書の出版に当たって人事評価に関する資料の転載を快諾してくださった、山形県、名古屋市、我孫子市に紙面をお借りしてあらためて厚くお礼申し上げます。

平成二七年十一月　桜井　義男

目次

第2章　目標管理の基本

第3章　目標設定段階のポイント

第4章　評価段階のポイント

第1章

人事評価の基本

なぜ今、人事評価なのか

～人事評価制度導入の背景とねらい～

この章では、人事評価の意義や目的、基本原則、人事評価の対象と仕組みといった人事評価の基本について解説します。評価をする前提として知っておきたい事項について理解を深めましょう。

人事評価は、どちらかというとネガティブ（否定的、消極的）な印象で受け止められてきました。それは、マル秘扱いで、ある時期が来ると管理者が査定し、あら探しをされるというイメージが付いて回ったからです。

部下の立場からは評価にはいつも不満がついて回りますし、上司の立場からはできるだけ関わりたくない領域と考える方も少なくないのではないでしょうか。

本来、納得性が高くモチベーション向上が絶対条件であるはずの人事評価が逆に、部下のやる気や意欲を低下させ、部下から逆恨みを買って反感に満ちた視線を投げかけられるようなリスクは、上司としては何としても避けたいところでしょう。

人事評価制度導入の背景とねらいについて、「地方公共団体における人事評価制度に関する研究会」の平成二六年度報告書ではつぎのように記されています。

「地方分権の一層の進展により、地域における総合的な行政主体として高度化・多様化する住民の行政ニーズに対応し、住民に身近な行政サービスを提供するという地方公共団体の役割はますます増してきている。また、厳しい財政状況や行政の効率化を背景に職員数は減少を続けており、個々の職員に、困難な課題を解決する能力と高い業績を挙げることが従来以上に求められる状況になっている。

このような中、地方公務員法の改正により、従来の勤務評定に替え、より客観性、透明性の高い人事評価制度が法律上の制度として導入された。

人事評価制度は、職員がその職務を遂行するに当たり発揮した能力及び挙げた業績を公正に把握することで、職員の主体的な職務の遂行及び高い能力を持った公務員の育成を行うとともに、能力・実績に基づく人事管理を行うことにより、組織全体の士気高揚を促し、公務能率の向上につなげ、最終的には住民サービス向上の土台をつくることを目的としているものである」

このように、地域の課題に適切に応えていくためには、自治体職員のさらなる能力向上と、主体的に問題を解決する姿勢を強く求めています。

その背景には、税収の大幅な改善が期待できない中で、業務効率と組織力を高めて、住民サービスを体系的・効果的に提供していくことが求められているという現状があります。

能力・実績に基づく人事評価制度が導入されたねらいは、自治体における人と組織の体質を強化して、住民ニーズに対応していくための基盤づくりにあるといえるでしょう。

人事評価の機能

これまでの人事評価は一般に、主として「昇給や賞与」といった賃金管理面への活用が中心となっていました。そこでは賃金格差をつけるための手段として人事評価が使われてきた面が強かったようです。

しかし、人材を活用するという視点からは、評価には、望ましい行動を習慣化するはたらきと、戦略を行動化するという、二つの重要なはたらきがあります。

■望ましい行動を習慣化する

他人から高い評価を得ることは人に**「心地良さ」**を与えます。心地良さのもとになった言動については、繰り返し実行することによって身につき、行動を習慣化させる効果があります。

逆に、低い評価は人に**「不快な感情」**を呼び起こします。不快な感情のもとになった言動についてはその表出を抑え、あるいは言動を修正することによって不快さを回避しようとして行動するものです。

つまり、高い評価と低い評価を上手に組み合わせることによって、人をある方向へと向かわせるはたらきが評価にはあります。どこに、人の行動を向わせようとしているかというと、各自治体が作成した**「人材育成基本方針」**で示された職員像です。

めざす職員像と評価項目をリンクさせることによって、めざす職員像を実現するひとつの仕組みとして人事評価を機能させようとしてます。

■戦略を行動化する

組織活動は、職員ひとりひとりが思い思いに行動したのでは非効率であり、効果性も高まりません。戦略課題や目標が具体的な行動に落とし込まれないと絵に描いた餅に終わってしまいます。人事評価には、総合計画、中・長期のビジョン、施政方針などの上位計画や方針と、個々の職務行動を結びつけるはたらきがあります。

人事評価はあらかじめ個々にたいして、どのような行動を期待するのか、どのような業績を期待しているかを伝え、一年間の仕事をスタートさせます。期待通りの行動がとられているかどうかを観察し、期待業績を出すことができたかどうかを評価し、**戦略遂行におけるチェック機能**を果たします。

人事評価を通して、職員の職務行動とその結果としての業績をとらえ、**組織目的と合致するように軌道修正していく**ところに人事評価のもうひとつの意義があります。

人事評価の目的

評価結果の活用（措置）については、改正地方公務員法二三条二項において、人事評価を任用、給与、分限その他の人事管理の基礎として活用するものとされています。

人事評価の結果をどのような人事施策に結びつけて活用するかという点から目的をとらえると、人事評価には、「適材適所」「人材育成」「公正な処遇」という三つの目的が挙げられます。

■適材適所

まずは、適材適所を実現するための基礎資料としての活用です。

適材適所とは、人と仕事をどのように結びつけることが組織の目的にてらして最適かを判断することです。

人事評価には、適材適所を実現する上で必要な、**人に関する情報を吸い上げる仕組み**という側面があります。

短期の視点からは、業務の割り当てや職務の設計に必要な基礎情報を収集し、中・長期の視点からは、本人の能力、意欲、適性を把握し、人事異動やキャリア形成に必要な基礎情報を収集するという目的が人事評価にはあります。

■人材育成

二つ目は、人材育成をするための基礎資料としての活用です。

人事評価はマネジメントサイクルの締めくくりのタイミングで実施されます。一年間、仕事に取り組んで、どんな業績を挙げたのか、仕事のプロセスで発揮された優れたところ、物足りなさや不足感を残したところはどこか、**一年間の仕事の棚おろし**をし、今後の育成に向けた課題を明確にするという目的があります。自治体の多くは、人材育成に主眼を置いて評価制度を運用しているようです。

■公正な処遇

三つ目は、公正な処遇を実現する基礎資料としての活用が挙げられます。

昇給、勤勉手当の決定、昇任、昇格を判定する基礎資料としての活用です。改正地方公務員法でいうところの「任用」「給与」「分限」もこの中に含まれます。

これまで、処遇との直接的な結びつけについては職員の一部に抵抗があり、適用範囲を管理職層にとどめたり、差をつけるとしてもきわめて少額に抑えてきたのが実態ではないかと思われます。

今後は、組織への貢献が大きかった職員にたいしては厚く報い、物足りなかった職員にたいしてはそれなりの処遇に甘んじてもらおうという、**メリハリのきいた処遇**を実現する方向に向いつつあると言ってよいでしょう。

「納得感」をともなう評価

あたらしい評価制度を組織に導入し、定着し、根づかせていく上で何が重要かというと、被評価者が**「納得感」**を持って結果を受け止め、受け入れていけるかどうかにかかっているといって過言ではありません。納得をともなわない評価は、制度を形骸化させるだけではなく職員のモチベーションを低下させ、最悪の場合は退職につながってしまいます。

人事評価を進める上で、評価者が準拠しなければならない基本原則として、公平性、客観性、透明性、さらには加点主義の原則があります。

■公平性の原則

人事評価は公平でなければならないという原則です。

評価者も生身の人間ですので、好きな部下もいれば、嫌いな部下がいてもおかしくはありません。相性のよい部下、苦手な部下もいます。そうした好き嫌いの感情や、自分の好みを評価に持ちこまないという原則です。他方、評価される部下も人それぞれですので、思想、信条、価値観がちがいますが、そうしたちがいを評価に反映させてはならないという原則です。

それでは何をもって評価をすることが「公平」かと言うと、人事評価はつぎのように考えています。

組織には、目的があり、目標があります。そうした、**目的、目標を果たすために、個々が組織にどれだ**

け貢献をしたのか、そこでとられた行動はどれだけ効果的で、質の高いものであったかを把握し評価しようとします。その限りにおいて、性格が内向的であろうが、外向的であろうが、どの政党を支持し、どのような信仰心を持っているかにかかわらず、ひとつの土俵の上で評価をしようというのがこの原則です。

■客観性の原則

評価は客観的でなければならないという原則です。

いかにして主観を排除するかがこの原則が求めているところです。人も、四十年、五十年と年齢を重ねるにつれてしだいに人を評価する視点やポイントがその人の中で固まってくるものです。そうした、「オレ流の」人の見方を人事評価に持ちこまないというのが客観性の原則です。客観性が行き着く先は**誰が評価をしても結果はおなじになる**という状態にいかに近づけていくかというところにめざす姿があります。

具体的には、あらかじめ評価の着眼ポイントを決めておいて、だれもがおなじ着眼ポイントで部下の行動を観察・評価することによって評価者による個人差をなくしていこうとしています。また、評価の手順や方法を統一して評価に臨むことをルール化し、バラツキを最小化していく工夫をしています。

■透明性の原則

評価は透明でなければならないという原則です。人事評価が求めている透明性にはふたつの側面があります。

ひとつは、何が評価の対象で、どのような基準で評価を行い、どんな手続きを経て評価は確定するのか、さらにはどのような目的に活用されるのかといった、制度的な側面があらかじめ公開されているということです。

もうひとつの側面は、評価をされる本人が評価結果を知ることができるということです。人材育成であれ、自己開発であれ、**出発点は、自分の強み・弱み、不足する知識・技術を客観的に知ること**です。現状についての正しい認識を持つことが効果的な育成や自己開発の出発点と言えます。

そのためには、正確な評価能力とフィードバック面接が重要で、マネジメントを担う上司としての真価が問われることになります。

■加点主義の原則

加点主義の反対語は**「減点主義」**です。

減点主義は、受け手にどのようなメッセージを送っているかというと**「余計なことをするな」**と言っています。「余計なことをするから間違うんだ。間違ったら減点するからね」というのが減点主義の考え方です。

実は、戦後日本の急成長を支えた評価の考え方はこの減点主義にありました。規模を拡大する段階で重視されたことは、いかにして品質の均一化を図るかでした。どこの事業所をとっても、誰をとっても、おなじ基準ややり方が周知徹底されていることが重要でした。そこでは、減点主義の考えが有効だったわけです。

しかし現在、自治体職員に「決めたことを決めた通りにやればよい。余計なことはするな」という働きぶりが期待されているわけではありません。住民の要望は多様化し、限られた予算、人員の下で、いかにしてよりよいものに変えていくか、創意工夫や試行錯誤が求められています。

あたらしいことにチャレンジをすれば、うまくいかないことや失敗がついて回ります。そのたびに減点をするという考え方だと、だれも本気でチャレンジをしようとはしません。**チャレンジを促すのであれば、**

それを支える評価の考え方は加点主義にならざるを得ません。

具体的には、目標設定における難易度判定とその達成度評価のところで加点主義の考え方がとられています。高い目標を掲げてチャレンジをした時には、仮に目標達成度がｃ評価であっても、ｂ評価とおなじ扱いをするといった**「プラス一の原則」**が人事評価で制度化されています。

業績・行動・能力

職員の一年間の仕事をとらえて、何を評価したらよいか、どのような仕組みで評価をするのかという「人事評価の対象と仕組み」についてよく理解をしておくことが必要です。

人事評価の内容に入る前に、「業績」「行動」「能力」という三つの用語の意味と、これらの関係について整理をしておきましょう。

仕事の**業績**とは、仕事を通してアウトプットされたもののうち、組織にとって価値のあるものをいいます。

・あたらしい事業を軌道に乗せた
・○○イベントを成功させた
・コストを三割削減した
・条例の骨子案を作成した
・映画のロケ地の誘致に成功した

何が組織にとって価値あるアウトプットなのかは、組織の目的やそのときどきの状況によっても変わってきます。

そうした業績を生みだす直接的なものは、個々の職員がとった**職務行動**で、その職務行動の質と量が変数となって、高い業績、もの足りない業績という差につながっていきます。業績に結び付けようとしてとられた、個々の職務行動の効果性やレベル感を支えているものを要素に分解した基本単位を**能力**と呼んでいます。

能力は、保有能力と発揮能力に分けられますが、人事評価が対象とするのはあくまでも発揮能力です。どんなに高い能力が保有されていたとしても、それだけでは組織にとって価値があるということにはならないからです。仕事の仕方を工夫して業績につなげられるような努力や取り組みをしている人を評価しようとしています。

発揮能力を見るということは、職務行動を観察の対象とし、それを支えている能力と結び付けて評価をしますのでじっさいのところは行動評価と呼んでも差し支えありません。

図1　成果が出るプロセス

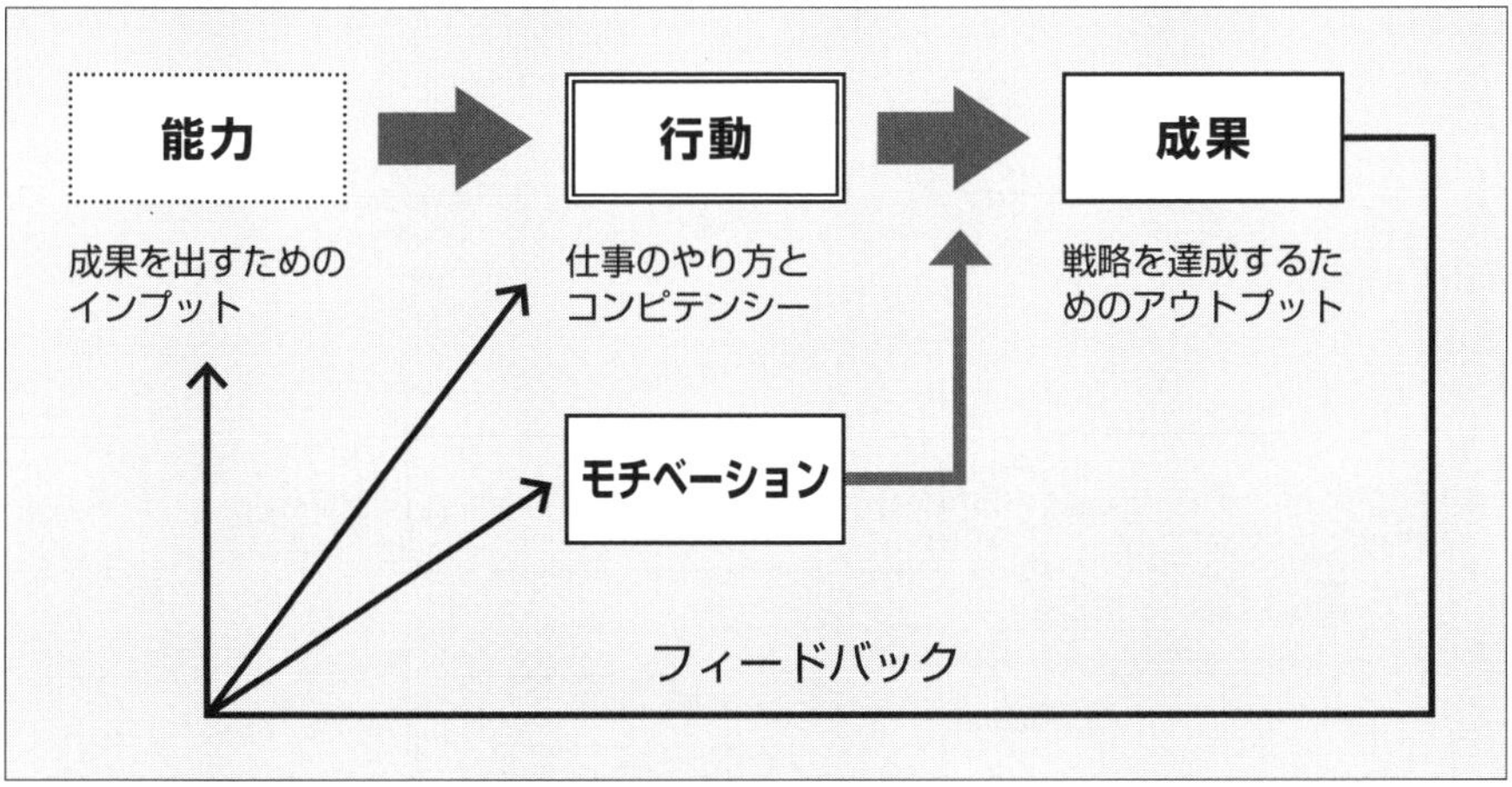

（『人材マネジメント入門』守島基博著、日本経済新聞社）

業績評価と能力・姿勢評価

それでは、自治体の人事評価の仕組みについて解説していきたいと思います。

自治体の人事評価は、**業績評価**と**能力・姿勢評価**という二つの柱で構成されています。仕事を通して挙げた業績と、仕事のプロセスで発揮された能力や取り組み姿勢をとらえて働きぶりを評価しようとしています。

■業績評価

業績評価は、個々の働きがどれだけ組織に貢献したかをなんらかの尺度を決めて測定しようというものです。

どのようにして貢献の大きさをとらえるかというと人事評価では官民問わず、つぎのような考え方がとられています。**「期首に立てた目標が期末にどの程度実現できたかという事実をとらえて貢献の大きさとみなしていこう」**というものです。

そのためには、期首に目標を設定するというステップが必要で、

図2　人事評価の2つの柱

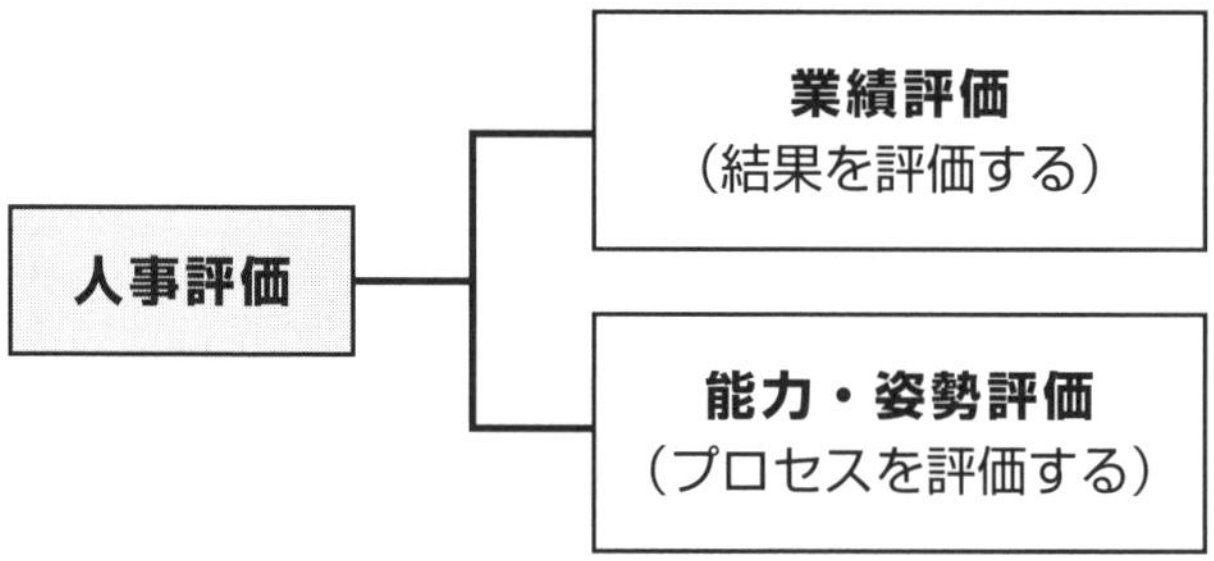

目標設定は業績評価の観点からは評価基準について事前に擦り合わせをするという意味を持つことになります。「何を、どこまで、どのように」というゴールの明確化が業績評価には必要になります。

■能力・姿勢評価

いっぽう、能力・姿勢評価は、仕事の業績を挙げようとして取られた「行動」に焦点を当て、行動を支えるひとつひとつの要素を能力・姿勢として評価するものです。

じっさいの評価においては、被評価者が期間中にとった行動を観察し、記録し、能力・姿勢要素と結びつけ、段階（レベル）を選択するというステップを踏みます。今期、たまたま実績が出なかったとしても能力・姿勢の高さは、条件が整えば将来、高い実績に結びつくことを予測させるものです。

■能力・姿勢を評価する意味

業績評価がどのようなアウトプットを生んだのかという**「結果」**評価なのにたいして、能力・姿勢評価は仕事の**「プロセス」**を評価するものです。

組織にとっては、組織の目的や目標を達成していく上で個々がどれだけ貢献したかは重大な関心事ですが、もうひとつの柱である能力・姿勢を評価する意味が二つあります。

ひとつは、**業績評価の持つ一面性を補完する**という点です。高い能力・姿勢を持った人が必ず高い業績をあげるという関係があれば何ら問題はないのですが、じっさいは高い能力・姿勢が必ずしも高い業績に結びつくとは限らないのが現実です。結果は本人以外の要因にも大きく左右されるものです。

人事評価の運用において大事にしていることは被評価者の「納得感」です。「結果だけで評価をされたのではたまったものではない」という反応を引き出しては評価はすぐに形骸化をしてしまうでしょう。結果と合わせてプロセスも評価の対象にすることでバランスを取っていくという意味で重要です。

もうひとつの意味は、問題解決の鉄則にある**「結果を変えたければその原因にたいして手を打て」**というところにあります。結果である業績を改善しようとすれば、その原因変数である「能力」に焦点を当て、業績達成を妨げている能力を明らかにして手を打つこと、つまり能力開発に結びつけていくところに能力・姿勢を評価するもうひとつの意味があります。

姿勢評価

仕事に向かう姿勢・態度と能力は一体のものですが、人事評価では姿勢・態度と能力を分けてとらえるのが一般的です。**姿勢・態度は仕事に向かう意識や意欲の次元でとらえますが、能力は習熟し磨きあげていくべき対象としてとらえています。**

まずは、姿勢評価から見ていきましょう。

「あいつは仕事に向かう姿勢がなっていない」と、アバウトな表現で人を評価することがよくあります。このようなひとくくりな言い方では、何を、どう変えたらよいかが伝わってきません。

人事評価では、仕事に向かう姿勢・態度として、つぎの四つの視点から部下を観察し評価することを基本に置いています。仕事に向かう姿勢・態度をとらえるときには、つぎの問いかけにたいして解を求めることが分かりやすさにつながるでしょう。

「組織はその構成員にたいして、仕事に向かう姿勢・態度として何を要求しているか」です。

図3　姿勢評価の視点

4つの視点

・責任感

・規律性

・協調性

・積極性

■責任感

組織が構成員に要求する姿勢・態度の第一は「責任感」です。

責任感とは、**自分の守備範囲をしっかり守ろうとする意識の高さ**のことです。与えられた任務は何が何でもやり遂げようとする姿勢や意欲がどれくらい見られるかを評価するものです。

組織とは、ひとりではできないことを複数の人間が集まって、共通の目的を果たすために役割や仕事を分担し、分担したことを誰もがやりきることを前提に組織活動は設計されています。なぜ最初に責任感なのかというと、ひとりでも分担した仕事をいい加減な態度で取り組まれると、組織の目的・目標を達成することに支障が生じてしまうからです。

何が何でもやり遂げようとする意識は、「粘り強さ」「達成意欲」の高さにも通じてきます。計画策定業務には全力投入するが、日常業務には力が入らないといった、「選り好み」をする姿勢は責任感のマイナス行動です。安易に上司・同僚に「依存」する姿も責任感のマイナスです。自分の職責を果たすという「自覚」のほどはどうか、「責任転嫁」をすることはないか、自分の職務として「主体的に」に取り組んでいるかどうかは責任感をみる着眼のポイントです。

■規律性

第二に要求するのは「規律性」です。

職務遂行に当たって守らなければならない**規則、ルール、基準をよく理解し、遵守しながら業務に当たっているかどうか**です。各人が思い思いに仕事をするとその修復や調整のために多くの時間をとられ非効率につながってしまうことがあります。組織活動はつねに、効率性、効果性を追求し、リスクを回避しようと行動するものです。

遅刻・無断欠勤、私用電話、公私混同、職場規律、風紀などの服務規定、手戻り・手直し、ヌケ・モレが発生しないように手順、手続きをルール化した基準書、安全・衛生を管理するためのマニュアルなどがあります。

また、自治体特有の評価項目として**「倫理」**を評価項目に置いてある自治体があります。これは規律性のひとつとみて差し支えないのですが、公務員としてとくに重視して襟を正す意味からも独立させた項目立てをしているようです。

国家公務員倫理規程はその第一条において、「職務に係る倫理の保持を図るために遵守すべき規準」として、つぎの五項目を規定しています。

一　職員は、国民全体の奉仕者であり、国民の一部に対してのみの奉仕者ではないことを自覚し、職務上知り得た情報について国民の一部に対してのみ有利な取扱いをする等国民に対し不当な差別的取扱いをしてはならず、常に公正な職務の執行に当たらなければならないこと。
二　職員は、常に公私の別を明らかにし、いやしくもその職務や地位を自らや自らの属する組織のための私的利益のために用いてはならないこと。
三　職員は、法律により与えられた権限の行使に当たっては、当該権限の行使の対象となる者からの贈与等を受けること等の国民の疑惑や不信を招くような行為をしてはならないこと。
四　職員は、職務の遂行に当たっては、公共の利益の増進を目指し、全力を挙げてこれに取り組まなければならないこと。
五　職員は、勤務時間外においても、自らの行動が公務の信用に影響を与えることを常に認識して行

動しなければならないこと。

公務員倫理とは、かくあるべきと社会から期待されている公務員の言動、意識のことです。倫理意識を高めることのねらいは、住民の信頼を得るためで、そのためには**「行うべきことを行い」「行ってはいけないことは行わない」**必要があります。法令を遵守することは最低限の倫理ですが、法令により禁止はされていないが、それを行ったら住民の信頼を損なうと考えられる行為は行わないことは当然のことです。

倫理は**気高さや高潔な精神**に行き着くものです。たとえば、嘘をつかない、いい加減なことは言わない、言行が一致している、約束を守る、個人情報を口外しない、公平に人と接する、公正に人を評価するなど、社会規範、一般常識に照らし、正直さ、誠実さ、清廉さ、健全さを持って仕事に当たることを要求しているのが倫理ということです。

■協調性

「責任感」と「規律性」の二つは、組織活動を維持していく上で求めている姿勢・態度とすれば、「協調性」と「積極性」は組織活動を発展させていく上で求めている態度ということができます。

協調性のイメージをつかむためにはつぎの枕詞をつけるとニュアンスが伝わりやすくなるでしょう。**「直接的には自分の仕事ではないけども」**です。直接的には自分の仕事ではないけども、目的をおなじくするメンバーが困っていたり、助けを必要としているようなときに、自ら進んで協力・協調しながら一緒になって仕事をしていこうとする姿勢のことをいいます。

自治体によっては、協調性という評価項目を使わないで、「チームワーク」であったり、「働きやすい職場づくり」といった能力項目の中に、協調性の姿勢を含めているところも見られます。メンバーの心情や置かれた立場・状況、健康などに配慮を示しながら、お互いが気持よく仕事ができるような環境づくりに向けた言動がとられているかどうかに着目して評価をしています。

■積極性

積極性の意味を国語辞書で調べると、「前向きにあたらしいことに取り組む様子」とか「自分から進んで事を行うこと」という説明になっています。この説明のままだと、人事評価では使えません。誰が評価をしても結果がおなじになるような評価をしようとしたら、積極性を見る着眼のポイントを明確にしておくことが必要です。

人事評価では、「積極性」を評価する着眼ポイントを二つ設定しています。

ひとつは、**仕事の幅を広げようとする意識**が行動として見られるかどうかです。たとえば、看護師さんの仕事を思い浮かべてみましょう。看護師さんの基本任務は、お医者さんの診療補助と、もうひとつは入院された患者さんのお世話をすることです。患者さんが退院してしまえば、その先のことは看護師さんにとっては自分の守備範囲外の世界になります。

しかし、患者さんに安心して退院をしていただくためには退院後、社会にどのような自立を支援する仕組みがあるのか、どこに行けばその詳しい情報が得られるのかについて、普段から関心を持って情報を集めている看護師さんと、退院後の患者さんの生活については看護とは関係ないとして関心を示さない看護師さんとでは、看護サービスにおける患者さんの満足にも差が出てしまう可能性があります。

自分の守備範囲に隣接する事柄にも関心を示し、本来業務に少しでも役立てようとする意識が行動に表れたときに「君はなかなか積極性が高いね」と評価をしようということです。

二つ目は、評価期間中になんらかの**改善提案**をしてきたかという視点です。改善提案書という形で提案をした場合に限らず、普段の会議やミーティングにおいても対案を示してきたら、その姿勢を積極性で評価しようということです。

三つ目は、**自己啓発**に取り組んでいるかという視点です。自己啓発とは、自分の強み・弱み、不足する知識・技能をよく認識し、強みを伸ばし、不足するところを補強したり開発に取り組むことを言います。

この三つの視点に共通することが積極性の本質ということになります。それは**現状に満足しない**という行動特性です。少しでも良くしようとする意欲が行動として現れたときに、積極性で評価をしようということです。

■その他、姿勢・態度を評価する項目

仕事に向かう姿勢・態度については、責任感、規律性、協調性、積極性の四つの枠組みでとらえるのが基本ですが、その他によくあるのが「住民の視点」「県民の視点・県民との協働」「接遇・応対」と「ストレス耐性」「安定性」です。

「住民の視点」「県民の視点・県民との協働」「接遇・応対」は、住民のニーズ、要望、期待に沿う形で、親切、丁寧、迅速な対応ができているかどうかを見ているところが多いようです。

- **住民の苦情や意見に丁寧に耳を傾けているか**
- **質の高い迅速なサービス、レスポンスが行えているか**
- **好感のもてるマナー、態度、身だしなみで住民対応をしているか**
- **相手の立場や状況を踏まえた、親切・丁寧・誠実な対応ができているか**

・わかりやすい説明と、ときには毅然とした態度で理解を求めることができているか

「ストレス耐性」「安定性」についても見てみましょう。

職員はだれもが大なり小なりストレスを感じながら仕事をしています。時間の制約、要求水準の高さ、人間関係上のあつれき、抑圧、葛藤の中でも、冷静に、落ち着いて行動し、効率性・効果性を落とさずに仕事を続けるだけの強靭さや図太さが発揮できているかどうかを見ようとしています。

ストレス耐性が低いと以下の反応が出やすくなります。

・失敗、失望に直面すると、仕事の効率がガクンと落ちる
・打撃を受けると回復に時間がかかる
・緊迫した状況下では、いらいらと神経質になる。あるいは、緊張しすぎたり言動が乱れやすくなる
・他者から反対されると攻撃的になる。あるいは退いてしまう
・会議の席で、課題が困難なとき、ずっと黙ったまま悶々としている。あるいは集中力がなくなり、議論を投げ出してしまう

能力評価

人の行動を観察し評価をするときに、どのような視点から行動をとらえ評価をしたらよいでしょうか。モノはためしに、つぎの演習問題をやってみてください。

問題

仕事ができる人、優秀な人とはどのような人を指すのだろうか。身近な人をひとり思い浮かべて、どのような点をとらえて「優秀」と評価をしたのか、その理由を挙げてください。

この問いの答えとしては、たとえば、「状況判断に優れている人」「部下の能力や意欲を上手に引き出せる人」「困っているときに助けてくれる人」「チームをまとめて方向を示せる人」「仕事が早く正確でテキパキと処理ができる人」「専門性が高く周囲から一目置かれている人」など、いろいろな回答がありうると思います。

■能力評価の視点

これらはいずれも人の優秀さの一端を示すものですが、評価者が思い思いに自分の観点から人を評価していたのでは評価は人によって偏ったものになってしまいます。評価の客観性を確保しようとしたら、**評**

価に当たって、どのような枠組みで人の行動をとらえたらよいかについて、評価者間で認識を共有しておくことが必要になります。

人事評価が対象とする行動は職務遂行行動に限られます。職務遂行行動とは、仕事でなんらかの目的を果たそうとして、あるいはなんらかの業績に結びつけようとしてとられた行動のことです。行動を観察するときには**「この部下は、仕事の業績を出し続けていくことができるだろうか」**の問いに答えていける、**評価の枠組み**を持つことが必要になります。

仕事で求められることの第一は、**「手堅さ」**です。手堅く、確実に、仕事を前に進め、結果に結びつけているかどうかという視点です。

もうひとつは**「変革」**の視点です。「この人は、あたらしい価値を生み出すことができるだろうか」「現状を変えていくことを期待できるだろうか」という視点からの行動観察です。

最後に、**「対人能力」**も忘れてはならない重要な視点です。手堅く仕事を進め、現状に変革をもたらす力

図4　能力評価における３つの枠組み

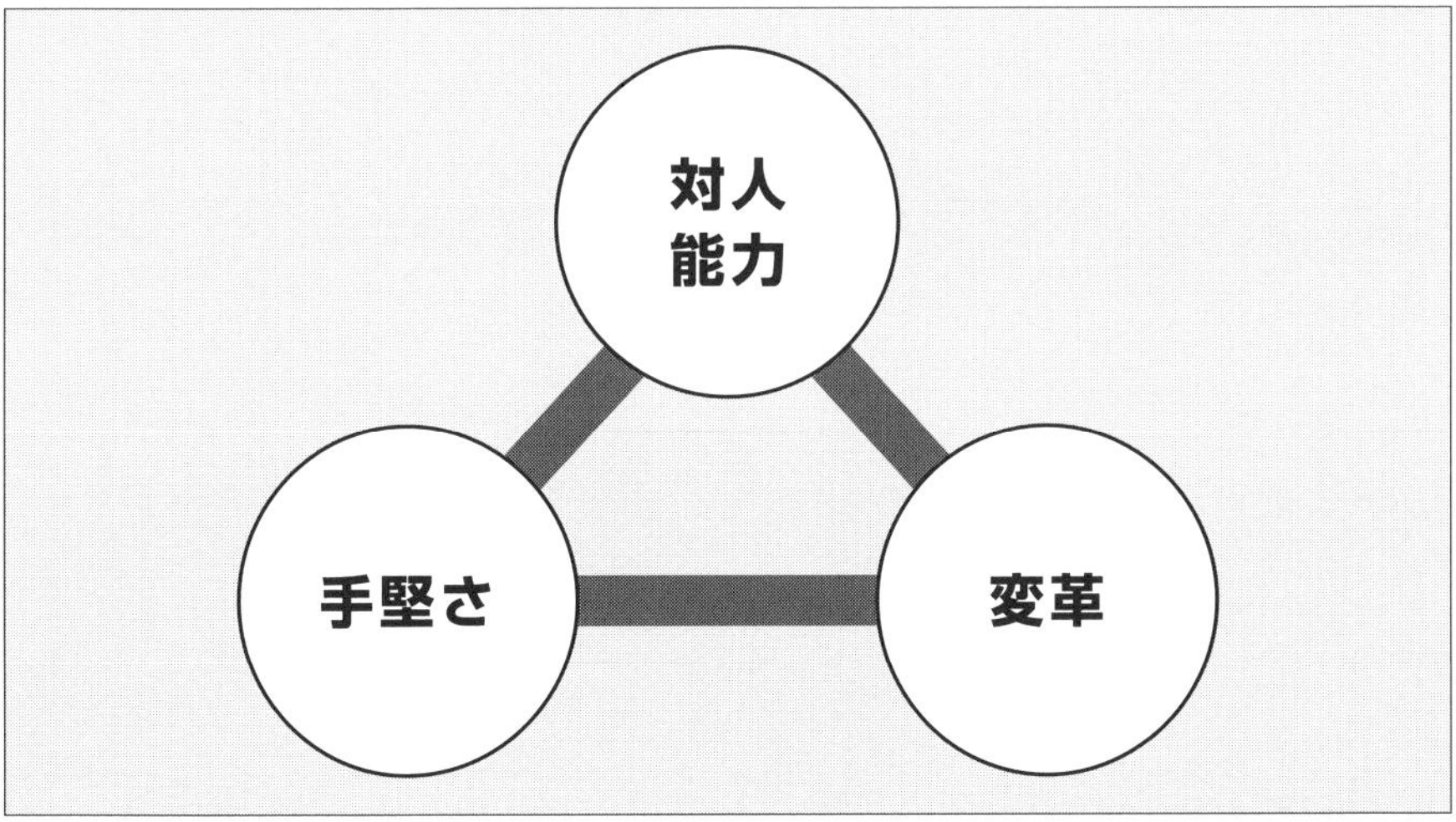

があったとしても、メンバーに働きかけ協力関係を作るといった、職場のコミュニケーションをおろそかにすると思うように業績があげられないものです。また住民の声に真摯に耳を傾け、丁寧に説明する姿勢も求められるでしょう。

この三つの視点を持って被評価者の行動を観察することが、能力評価におけるスタートです。

■手堅さ

仕事では手堅さや堅実さが要求されますが、手堅さを支えているものはなんでしょうか。手堅さを支えているのは仕事の進め方です。仕事の進め方の基本がしっかりと身についていて、実践できているかどうかが仕事の手堅さを決めていきます。

仕事の進め方の基本は、**Plan・Do・Check・Action**のサイクルを回すことです。まずは仕事の目的とゴールを確認し、ゴールに到達するまでの具体的な計画を立て、立てた計画どおりに仕事を進め、進捗を確認し、計画とのギャップにたいしては必要な手を打って、最終的には計画イコール結果にしていくのが仕事の進め方の基本です。さらに、**報告・連絡・相談**をしながら業務を進めているかどうかも、手堅さを評価する行動観察のポイントになります。

Plan・Do・Check・Actionを構成する能力は、「計画力」と「統制力」が柱です。

「計画力」はどのように見たらよいでしょうか。

計画力は、**仕事に着手する前によく考える**という行動特性です。どうすればうまくいくか、どのような手順を踏むと効率的か、時間配分とスケジュールをどうするかといったことを事前によく検討して、ゴールまでの最適な工程を組むことを「計画」と呼んでいます。

計画力を問われた最初の経験は、夏休みの計画という方も少なくないと思われます。夏休みに入る前に、今年の夏休みをどう過ごそうかと考えて、やってみたいこと、やらなければならないことを列挙します。その上で、何を優先し、どのように時間を使うかを構想し、スケジュールに落とし込むのが計画という行動です。あれもこれもはできませんので、優先したいことがらを決めて、最高の満足につながるようなスケジュールを組んだ経験が誰にもあるはずです。

計画力が高いかどうかを観察するポイントは二つあります。ひとつは、**仕事の全体を見渡した上で、優先順位をつけて仕事に取り組んでいるかどうか**です。総花的に取り組むのではなく、重要性や緊急性の判断をしながら仕事に取り組んでいるかどうかです。来た仕事を順番に処理していくような仕事の進め方は、計画性のマイナス行動です。ＰｌａｎがなくてＤｏだけで仕事をしているからです。もうひとつは、**時間を意識してスケジュールに落としているかどうか**です。仕事には、期日やタイムリミットがあります。お尻を意識しながらそこまでの手順やスケジュールを組んで仕事に当たっているかです。

計画の大切さは、誰もが頭の中で理解しているにもかかわらず、実践できていないものです。限られた時間の中でいかにして最大の業績を出していくかという**効果性**の追求と、ひとつの仕事をいかに手際よく最小の時間で達成していくかという**効率性**の工夫が欲しいところです。計画力の高さは、効率性・効果性の高い仕事につながっていきます。被評価者の仕事の仕方をよく観察し、指導に結びつけてもらいたいところです。

つぎのような仕事の仕方は計画力のマイナス行動です。

・場当たり的に対処し、問題の発生順に対処している

・何でも手当たりしだいに処理しようとしている
・あれこれ考えないで漠然と仕事に取り組んでいる
・思いつきの言動が多く、一貫性に乏しい
・重要でない問題にはまり込んで時間を使い過ぎる。木を見て森を見ない
・組織の目標や方針を考えずに勝手に行動する
・一度立てた計画に固執し、状況変化により計画が有名無実化しても計画を修正しない

「統制力」には、業務統制と組織統制の二つがあります。

業務統制は仕事が予定どおり進んでいるかどうか、進捗を管理することです。もういっぽうの組織統制は、人と組織を思った通りに動かせているかどうかです。

業務の進捗を把握する業務統制の基本は**報告を求める**というところにあります。組織統制は具体的には**指示を出す**という行動として現れます。会議で「現状の報告を求め、是正に向けた指示を出す」という場面が統制力を観察する絶好の機会です。その他にも、日報・週報の報告を受けたり、現場を視察したり、部下に同行して、計画や基準とのズレを確認し是正を図るのが統制行動です。現状把握と指示がどれくらい的確に、効果的になされているかが統制力を評価するポイントです。

自治体によっては、計画力と統制力を合わせて「業務遂行」としているところもあります。

つぎの行動は、統制力のマイナス行動です。

・成り行きにまかせる

・期日が迫ってから結果をチェックする。あるいは気になったときにする
・是正すべきことを放置したり、見逃している
・言いっぱなし、やりっぱなしで、期日を指定したり、報告を求めたりしない
・指示が曖昧でどう行動したらよいかに結びつかない
・結果のみを求め、仕事のやり方、プロセスを重視しない
・自分のやるべきことをやらず、過度の委譲をする

■変革

もういっぽうの変革を支えるものはなにかです。時代が変わり、環境が変化すると、これまでは「よし」としてきたことに不具合が生じてきます。住民のニーズ、要望、期待の変化、国との役割関係の変化、財政状況の変化、職員数や業務負荷の変化により、変えていかなければならないことが山ほど発生しています。

これからの自治体職員には、こういった変化に対応して問題を分析し解決する力が求められています。では、この問題解決能力をどのように評価すればよいでしょうか。

問題解決までにたどるプロセスとしては、変えなければならないまずい状況を「問題」として認識し、不足情報を集めて問題を明確にすること、問題を発生させている要因を分析して問題の全体を構造化すること、課題を整理してどのように変えていくかを対案としてまとめる力が必要になってきます。**①問題発見②情報収集③分析④対案の作成（課題形成）のラインが変革を支える能力です。**

各自治体で定める変革に関する評価項目は、おおむねこのプロセスを踏まえて設定されているようです。

じっさいの人事評価では、「情報収集」「分析力」「改善力」「政策形成」「施策形成」「課題形成」などの用語が使われています。問題解決プロセスのどこに重点を置いて評価をするかは職位によってちがってきますし、項目数によっても評価項目に含まれる内容に大小があります。

いずれにしても、現状を変えるためには、どのように変えるかを対案として示し、最終的には対案の方が魅力的と人が判断をしたときにはじめて変革につながっていくものです。

先に、「積極性」をみる視点として、改善提案をしてきたかどうかを挙げましたが、積極性はあくまでも仕事に向う姿勢・態度を見ています。提案の中身を評価しているのではありません。それにたいして、能力としてのたとえば「改善力」は、**対案として示された中身を評価し、どれくらい魅力的で実現可能性があるか**が評価のポイントになります。

つぎのような思考パターンからは、魅力的で、実現可能性の高い解決策は期待できないでしょう。変革に関する評価項目のいずれかで低い評価をすることになります。

- **問題の所在を認識できない**
- **問題を認識しても不足情報を集めない**
- **兆候に気づかず、将来の問題を予測できない**
- **背景にある重要な事実を見逃す**
- **問題相互の関連性に気づかない**
- **細部や派生的な問題にとらわれる**
- **従来からの手慣れた方法に固執し、ありきたりの解決策しか出てこない**

■判断力

判断力は「手堅さ」が問われる場面でも、「変革」が問われる場面でも必要とされる能力です。ここでは、「判断力」を評価する場合の行動の評価方法を考えて見たいと思います。

判断力をみるポイントは大きく三つあります。

ひとつは事実をもとに結論を導いているかどうかです。**「前提に置いていることは事実か」**と一度は疑って事実関係を確認する慎重さが判断には必要です。うわさや人の意見に左右されて結論を出すような意思決定プロセスだと判断力に疑問符が付いてしまいます。

二つ目は、速断をしないということです。**あらゆる角度から検討を加え、検討し尽くして結論を導いているか**どうかです。プラス面とマイナス面、メリットとデメリットの比較検討、立場を変えるとどうか、コストに見合うパフォーマンスかどうか、ある決定は関係者からどんな反応となって返ってくるか、ある採択にはどのようなリスクが含まれているか、リスクにたいしては必要な手を打ったかなど、検討すべき要素はたくさんあるものです。検討視点が不足していると、「決めつけ」との印象を与えることになってしまいます。

三つ目は、実現可能性です。会議などで最後まで理想論に終始してしまうようだと判断力に疑問符がつきます。決めたことは具体的な業務計画に落とし込むことが予定されています。**現実感のない結論は判断力のマイナス行動です。**

判断で問われるのは**「妥当性」**です。**熟慮して、やっぱり結論はそこに行かざるを得ないといった感覚をともなうのが判断力です。**

判断力に関連して**「危機管理」**を評価の独立項目として取り上げている自治体がいくつかあります。

危機管理は、民間企業では判断力を評価するときのひとつの着眼点として取り上げる程度で、項目として独立させることはあまり例がありません。災害や緊急時対応、常日頃から身近にあるリスクに対する警鐘の意味もあって、自治体が重視している表れだろうと思われます。

■対人関係

仕事の進め方が手堅くて、現状を変えていく変革に優れているにもかかわらず、仕事で高い業績を出せていない人がいます。折角持っている仕事能力を十分に活かしきれていない人です。

こうしたパターンを示す人の多くは、対人関係能力に課題があります。自分の思いや意図を率直に伝えたり、関係者の協力を仰いで、より大きな貢献を引き出すような働きかけが不足している場合が多いのです。自己完結できる仕事ならいざ知らず、ほとんどの仕事は人との関係性の上に成り立っています。対人関係能力が仕事の業績を左右する大きな要因になります。

対人関係能力は、コミュニケーションとリーダーシップに分類できます。

コミュニケーションはラテン語の commūnis を語源にしています。**分かち合う**という意味です。何を分かち合うかというと、ひとつは**情報の共有**です。ひとつの事柄をお互いに知ることがコミュニケーションの目的です。

二つ目は**意思の疎通**です。お互いに何を考えているのか、どうしようとしているのか、お互いの腹の内を率直に交換することです。

三つ目は**感情の交流**です。相手の立場、置かれた状況を思いはかり、配慮を示すことで気持ちを交流させ、人間関係、信頼関係を深めていく基礎

図5　コミュニケーションの目的

・情報の共有
・意思の疎通
・感情の交流

をつくるのがコミュニケーションです。

職場では、上司、同僚、部下とのあいだで、仕事上のコミュニケーションが上手に行われ、相互に十分な共感が生まれると、職場の意欲が高まり、活動は活発になるでしょう。このような仕事上のコミュニケーションには、メンバー間の対話、報告・連絡・相談、指示、電話応対、会議、打ち合わせなどの日常的なものから、経営方針や意思決定に必要な情報伝達など、さまざまな内容が含まれています。

忙しくなればなるほど、業績向上のための業務遂行に比重がかかり、感情の交流や細やかな意思の疎通が不足しがちになります。メンバー間でコミュニケーションがうまく行われず、相互に意思の疎通を欠いたのでは、満足のいく組織活動は成立しません。職場の不満や人間関係の問題の多くは、コミュニケーションの希薄さや誤解が原因となっていることも理解しなければなりません。

コミュニケーションが良くなることによって仕事が円滑に進むようになり、人間関係においても相互の信頼関係が生まれることになるのです。コミュニケーションは**仕事の潤滑油**と言えます。

コミュニケーションは、図6の構図でとらえることがで

図6　コミュニケーション

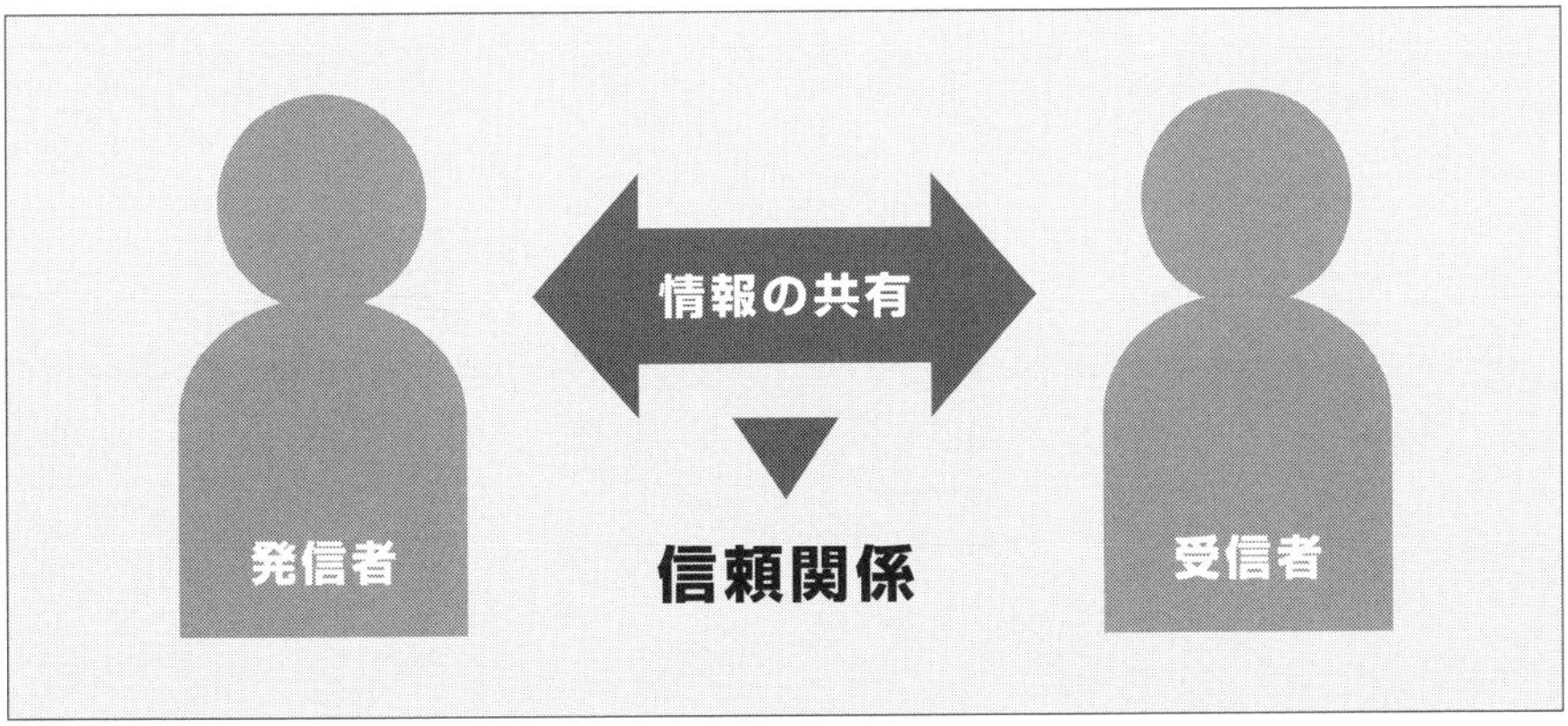

きます。

コミュニケーションには発信する人と受信する人がいます。そのあいだを情報が行きかう構図になっています。コミュニケーションを通して、発信者と受信者とのあいだに情報共有と信頼関係づくりを促進することが目的です。

コミュニケーションの構図を念頭に、コミュニケーション能力をどのようにとらえたらよいかを考えてみましょう。まずは、発信するときには、**分かりやすく明解に伝える**ことができているかどうかに着目します。適切な用語を用いて、簡潔、明解に、理路整然とした話ができているかどうか、相手の反応にも注意を払い、自分の伝えたいことを理解してくれているかどうかを確認しながら話を進めることが大事です。声の大きさにも注意を払い、具体例を挙げるなどして、自分の論点を明確にすることも発信者には欲しいスキルです。「表現力」「伝達力」「口頭コミュニケーション力」などの名称が使われています。

次に、受信するスキルを見てみましょう。受信するときには、相手が発信した**内容の核心部分を逃さずにしっかりと聞きとる**ことが求められます。「理解力」という用語を使うのが一般的です。さらに、発信した内容だけではなく、伝えた内容に付随して、発信者の思いやこだわり、感情を乗せて発信されることもよくあります。このように、言語の表面的な意味だけではなく、言葉の背後や行間を読みながら相手が伝えようとした真意を汲み取っていくような聞き方も対人関係においては必要な技術です。このような聞き方の技術を「傾聴力」と呼んでいます。

コミュニケーションは一方向のコミュニケーションもあれば、双方向のコミュニケーションもあります。双方向のコミュニケーションとして、自治体の評価項目で必ず出てくるものに**「折衝力」**があります。折衝力は、「交渉力」「調整力」とおなじ範疇《はんちゅう》にある能力です。折衝力は一般に、必ずしも利害が一致しない当事者間の話し合いで問われるコミュニケーションスキルのことです。立場が違う者同士が話し合いをしてなんらかの合意を作り上げていくときに必要とされる、話し合いの技術と言ってもよいでしょう。都市計画課と農地保全課、県と地域住民も時として対立関係に立つことがあります。

折衝力は**「主張すべきを主張し、相手の主張に耳を傾け、譲るべきは譲り、お互いが共有できる目的・目標を確認し、双方の関係者が納得できるような結論を導いていく話し合いの技術」**と定義されています。主張をしっかりと展開し相手の納得と同意を取り付けていくコミュニケーションのスキルとして、「説得力」「説明力」を評価項目にしているところもあります。

説得には二つの技術が必要です。ひとつは論理説得です。根拠を示し、筋の通った話を展開して相手の納得を得ていく技術です。しかし、話の筋が良ければ相手の納得は得られるとしても、「君の考えには従いたくないね」という反応を引きだしたら、説得は失敗に終わってしまいます。もうひとつ説得に必要なのは感情説得です。相手の気持ちをつかめるかどうかも説得においては重要な側面です。論理説得と感情説得の二つを上手に組み合わせて説得に当たっているかどうかが、説得力をみるポイントです。

折衝力は、主張を展開する説得力と、相手の主張の核心部分を逃さず聞きとる理解力、相手の気持ちをつかむ傾聴力、状況に応じて対応を変える行動の柔軟性が含まれている能力概念です。

つぎのような話し合いの仕方は、折衝力のマイナス行動です。

- **自分の考えやアイデアを未整理なまま発言し、訴求力を欠く**
- **説得しようとする気持ちは強いが空回りし、内容が伴わない**
- **淡々と説明し、熱意が伝わらない**
- **反対に遭うと再度考えを主張できず、単発的な発言で終わってしまう**

・相手の立場や考えを考慮することなく、自分の主張を押し通そうとする
・折衝の場面で相手の目標や譲歩できる下限について関心を示さない

コミュニケーション能力として、「対人配慮」「働きやすい職場づくり」などの能力項目も多くとり入れられています。「チームワーク」「組織活性化」の用語を使っているところもあります。いずれも、職場環境づくりを意識しながら業務に取り組むこと、勤務状況や健康面に配慮した対応を職場の構成メンバーに求める内容になっています。姿勢・態度評価の「協調性」をこの能力項目に含めて評価しているケースも見かけます。コミュニケーションの目的のひとつである「感情の交流」が意味するところを職場運営で重視していこうとする表れです。

対人関係能力のもうひとつの領域はリーダーシップです。

リーダーシップをひと言でいうと**「影響力」**のことです。**相手を変えようとしてとられた働きかけが、どれだけ効果的に相手を変えることにつながったかどうかがリーダーシップを観察する視点です。**相手の何を変えようとして働きかけるかというと、相手の態度と、行動と、考えです。たとえば、落ち込んでいる部下を励まし勇気づけたところ、仕事への取り組み姿勢が前向きになったとすれば、部下の態度を変えようとする働きかけが効果的であったことを示しています。これはリーダーシップのプラス行動です。リーダーシップで問われるのはあくまでも「効果性」です。

リーダーシップは働きかける対象が個人であるか、集団であるかによって、**対個人リーダーシップ**と、**対集団リーダーシップ**に分けられます。人事評価の項目もこのふたつを意識しながら設計されています。

対個人リーダーシップの評価項目としては、「部下の育成」「人材育成」があります。部下を育成しようとした働きかけがどれくらい部下を変えること、つまり育成につながったのか、その働きかけの効果性を見ようというのが「部下の育成」という評価項目です。

いっぽう、対集団リーダーシップは、自分が預かる課やチームをまとめ、組織活動のベクトルを合わせ効果的に方向づけができていたかを、「統率力」「組織管理力」などの評価項目で評価をしようとしています。

つぎの行動は、リーダーシップのマイナス行動です。

- **メンバーの能力開発はメンバー自身の問題であって、メンバーの能力開発に関心を示さない**
- **メンバーをつねに監視し、裁量の余地を認めない。細かく指示を出して動かす**
- **成績が悪い時、失敗した時だけ注意を与える**
- **慣れない仕事を与える場合であってもメンバーの自律性に委ね、やり方、方法については自分で考えさせる**

図７　リーダーシップ

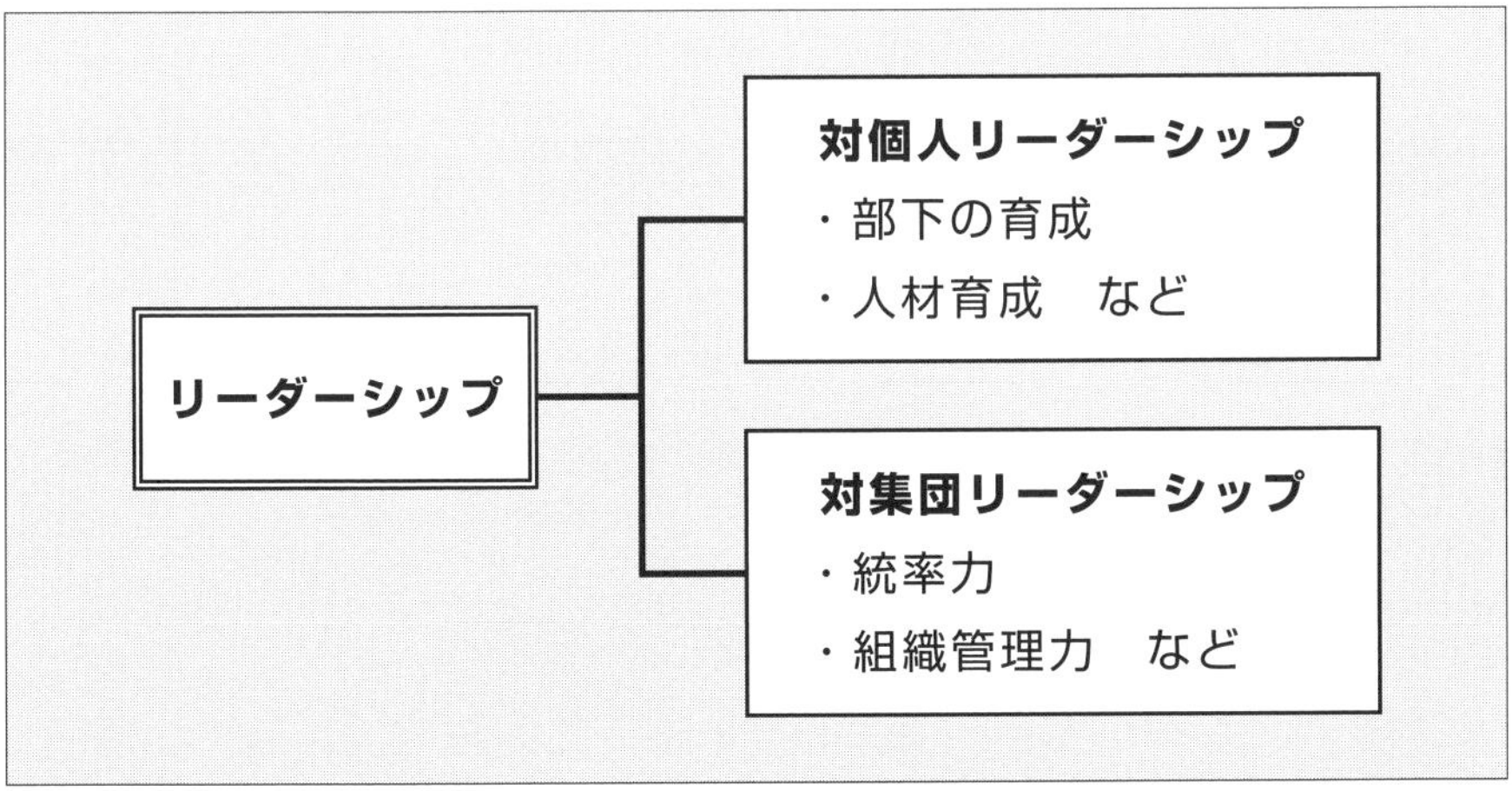

・議論に水を差し、みんなのやる気をなくさせてしまう
・個々の異なる見解を目標に向って結集させるような働きかけが見られない
・ひとりで仕事を抱え込んで、ひとり残業をしたり、休日出勤をすることが多い
・旗振りはするが、中身がなくメンバーがついてこない

自治体の評価表

それでは、各自治体ではどのような視点で人事評価を行っているのか、じっさいの評価表を見ていきたいと思います。

■山形県

県職員としての基本姿勢、職務遂行能力、組織マネジメントという、三つの枠組みで職員の行動をとらえ評価をしています。

職務遂行能力は、主査級の本来業務をどのように遂行しているかを評価しようとするものです。

いっぽう、組織マネジメント能力は、チーム全体の業務を効率的・効果的に進めるために業務のマネジメントとして部下・後輩の育成が期待通りに実践できているかどうかを見ようとしています。職務遂行能力を「外に向けて働きかける活動」とすれば、組織マネジメント能力は「内を固める活動」とも言えます。

職務遂行を見る柱は、「手堅さ」と「変革」でした。山形県の主査級では、手堅さを「正確な職務遂行・コスト意識」の項目で、変革を「政策形成」で見るようになっています。

日常的な業務遂行に当たっては、効率性・効果性を追求した工夫・改善と、的確な状況判断を行い、上司への報告・連絡・相談をしながら手堅く業務を前に進めていくことを求めています（正確な職務遂行・

コスト意識)。

いっぽう、あらたな付加価値を生み出す変革能力を「政策形成」で評価しています。県を取り巻く環境変化の現状を踏まえて、手を打たなければいけないまずい状況を問題として認識し、問題に関連した不足情報を集め、取り組むべき課題の全体像や本質を分析し、具体的な施策や対応策を示せているかどうかが政策形成を評価する着眼点として示されています。

この「正確な業務遂行・コスト意識」と「政策形成」という二つの仕事能力を仕事の業績に結びつけていくのが「情報発信・折衝」という県民に向けた対人関係能力です。事業推進等における県(自チーム)の考えや方針を県民はじめ、関係者に分かりやすく説明することを求めています。さらに、パブリシティ等による情報提供を効果的に発信し、苦情等についても相手方から信頼されるように丁寧かつ適切に対応することで、県民の理解と納得につないでいこうとする考え方が評価項目に反映されています。

県民に向けた業務を効果的に遂行するためには、組織力を向上させ、個々の能力開発に継続的に取り組むことが必要です。組織マネジメント能力として主査級には、チームの課題や目標をメンバーと共有し、目標達成に向けてメンバーに働きかけ、関係部局と意思疎通を図りながら業務を進めることを求めています。さらに、リスクを特定・分析し、そのリスクレベルに応じた対策を講じているかどうかを評価の着眼点として示しています(業務マネジメント)。

組織内における対人関係面では、「職場づくり」と「人材育成」を求めています。チームや職場内において、お互いが気持よく仕事ができるような配慮や気遣いができているか、協力・協調して仕事に当たれるような人間関係を構築しているかに着目しています(職場づくり)。また、メンバーに対する指導・育成を効果的に進め、職務に対するチャレンジ精神を引き出せているかがもうひとつの着眼点になっています(人材育成)。

表1　山形県主査級用　能力・姿勢評価表

求められる能力・姿勢				評価	
項目			着目点	自己評価	評価
県職員としての基本姿勢	1	県民の視点・県民との協働	・全体の奉仕者としての意識を持ち、県民のニーズや要望の把握に努めている ・県民との協働を念頭に、県民と対話しながら現場の実態に合った職務の執行に努めている		
	2	意欲・積極性・法令遵守・倫理観	・意欲と情熱を持って、困難な課題であっても積極的に挑戦し、責任をもって職務をやり遂げている ・自らの専門分野の技術・スキルを十分有するとともに、最先端の技術や情報の習得に余念がない ・ストレスやプレッシャーがある状況の中でも安定した態度で職務を遂行している ・服務規律を遵守し、県職員としてふさわしい高い倫理観の確保に努めている		
職務遂行能力	3	政策形成	・重要な案件は自ら現場に足を運び、現状を認識の上、課題の全体像や本質を分析・整理している ・業務領域全般を見渡し、具体的な施策や対応策を立案している		
	4	正確な職務遂行・コスト意識	・仕事の内容や課題の大きさを考慮し、スピード感のある処理をしている ・職務遂行にあたり、報告、連絡、相談を適切に行っている ・費用対効果を意識し無駄な出費を抑え、改善の余地がないかを考えて職務に取り組んでいる		
	5	情報発信・折衝	・めざす方向や事業のプロセス・結果等について、相手の立場に立ち、分かりやすく説明している ・パブリシティ等による情報の積極的な提供に努めている ・苦情等にたいして、相手方に信頼されるよう丁寧かつ適切に対応している		
組織マネジメント能力	6	職場づくり	・日頃から、上司や部下、同僚との良好なコミュニケーションに心がけ、協力的な関係を構築している ・部下等の精神面、身体面の健康に留意し、声がけを行っている		
	7	業務マネジメント	・担当業務の目標の共有化及び達成に向けて、部下等の仕事の状況を的確に把握している ・担当業務の目標を部下等に理解させ、目標の実現に向け適切にフォローしている ・組織におけるリスクを特定・分析して、そのリスクレベルに応じて対策を講じている ・担当業務の目標達成に向けて、関係部局との十分な意思疎通に努めている		
	8	人材育成	・部下等の指導に必要な能力の習得・向上に努めている ・職場での実務における効果的な指導・助言等により、部下等の育成・サポートを行っている ・部下等の職務に対する意欲やチャレンジ精神を引き出している		

職場づくりはコミュニケーション領域の能力です。いっぽう、人材育成はリーダーシップ領域の能力です。ここでも、人を評価する枠組みとして、コミュニケーションとリーダーシップという二つで評価項目を構成していることが分かります。

■名古屋市

つぎに、名古屋市の能力評価の項目を見てみましょう。

名古屋市の人材育成評価制度では、能力評価を、「態度・意欲」と「職務能力」の二つに区分して評価をしています。態度・意欲については、責任感、規律性、協調性、積極性の四つの基本視点に加えて、「接遇・市民との協働」を合わせ、五つの視点で仕事に向う姿勢・態度を評価しようとしています。

職務遂行における手堅さは「事務改善（効率性）」の項目で、職務遂行における変革能力は「企画力／政策形成／計画性」の項目と結びつけて評価をしています。前者は定型業務をいかに手際よく工夫しながら業務に取り組み、結果につないでいるか、後者は、企画立案などで問われる付加価値生産性を中身の良さで評価しようとしています。

意思決定プロセスの合理性については、「判断力」と「危機管理」の二つで項目立てをしています。危機管理については、一般には判断力のひとつとみて差し支えないことはすでに言及しました。項目を独立させることによって危機管理を職員に意識づけし、重要視していることのメッセージを送っていると言えます。

対人関係能力については、コミュニケーション能力を「交渉力／調整力」の帯で、リーダーシップ能力を「掌握力／指導力」の帯で見ています。

表2　名古屋市　能力・姿勢評価表

<table>
<tr><th colspan="2" rowspan="2">区分</th><th rowspan="2">係長級職員</th><th colspan="4">係員</th></tr>
<tr><th>副係長</th><th>技能長</th><th>一般職員</th><th>技能労務職員</th></tr>
<tr><td rowspan="14">能力評価</td><td rowspan="5">態度・意欲</td><td>積極性・
成長意識</td><td>積極性・
成長意識</td><td>積極性・
成長意識</td><td>積極性・
成長意識</td><td>積極性・
成長意識</td></tr>
<tr><td>接遇・市民との協働</td><td>接遇・市民との協働</td><td>接遇・応対</td><td>接遇・市民との協働</td><td>接遇・応対</td></tr>
<tr><td>責任感</td><td>責任感</td><td>責任感</td><td>責任感</td><td>責任感</td></tr>
<tr><td>規律性</td><td>規律性</td><td>規律性</td><td>規律性</td><td>規律性</td></tr>
<tr><td>協調性／
ストレス耐性</td><td>協調性／
ストレス耐性</td><td>協調性／
ストレス耐性</td><td>協調性／
ストレス耐性</td><td>協調性／
ストレス耐性</td></tr>
<tr><td rowspan="9">職務能力</td><td rowspan="2">交渉力／
調整力</td><td rowspan="2">理解力／
表現力／
調整力</td><td rowspan="2">理解力／
表現力／
調整力</td><td rowspan="2">理解力／
表現力／
調整力</td><td>理解力</td></tr>
<tr><td>表現力</td></tr>
<tr><td rowspan="2">事務改善
（効率性）</td><td rowspan="2">事務改善
（効率性）</td><td rowspan="2">改善工夫
（効率性）</td><td>事務改善
（効率性）</td><td>改善工夫
（効率性）</td></tr>
<tr><td rowspan="2">知識／技術</td><td rowspan="2">確実性／
迅速性</td></tr>
<tr><td rowspan="2">判断力</td><td rowspan="2">知識／技術／
判断力</td><td rowspan="2">知識／技術／
判断力</td></tr>
<tr><td>判断力</td><td>注意・安全</td></tr>
<tr><td>企画力／
政策形成／
計画性</td><td>企画力／
政策形成／
計画性</td><td>企画力／
政策形成／
計画性</td><td>企画力／
政策形成／
計画性</td><td>—</td></tr>
<tr><td>危機管理</td><td>危機管理</td><td>危機管理</td><td>危機管理</td><td>危機管理</td></tr>
<tr><td>掌握力／
部下指導</td><td>掌握力／
指導力</td><td>掌握力／
指導力</td><td>—</td><td>—</td></tr>
</table>

評価者がはじめて評価をするときに頭を悩ませることのひとつに、評価項目の名称の多さがあります。部下の職位に応じて使っている評価項目の名称が違っているため項目が膨大に感じることがあります。

名古屋市の例にあるように、職責（職位）や業務特性に応じて評価項目一覧を作成すると頭に入りやすくなります。この場合、評価項目を横の帯でとらえることがポイントです。横の帯が何を評価しようとしているかの本質を理解することが先で、その後で、職責ごとに比重の置きどころが若干変わるんだ、という程度で違いを押さえておくことが能力項目を理解するコツです。

たとえば、係長級を対象とした「交渉力／調整力」と係員を対象とした「理解力／表現力／調整力」は、どこがどう違うのかを厳密に区別しようとしてもあまり意味がありません。どちらも、先に解説したコミュニケーションの構図と「折衝力」の定義や着目点をもって行動を観察し評価をすることに変わりはありません。評価の視点はおなじだからです。ただし、係長級と係員とでは、役割や仕事の場面が変わるために、係長級では交渉場面でのコミュニケーションスキルを、係員では通常のコミュニケーション場面での理解力と表現力にウェイトを置いて観察・評価をしようとしています。

■我孫子市

最後に、千葉県我孫子市の評価項目を見てみましょう。

我孫子市の評価項目は、オーソドックスな内容構成で分かりやすく整理されています。能力・姿勢評価は、「能力」と「意識」に区分し、能力は「職務遂行能力」「政策形成能力」「折衝調整能力」「組織運営能力」の四つに分類し、意識は「責任度」「積極性」「服務規律」の三つで評価をしています。

職務遂行で求められる手堅さを「職務遂行能力」で、職務遂行で求められる変革能力を「政策形成能力」で見ています。対人関係能力については、コミュニケーション領域を「折衝調整能力」で、リーダーシップ領域を「組織運営能力」で見ています。

特徴的なところは、職員の区分を「能力開発期」「能力活用期」「管理能力育成期」「管理能力発揮期」に分けて、それぞれのステージで求められている重点能力の推移が一目で分かるところにあります。能力開発期は主事級、能力活用期は主任・主査級、管理能力育成期は主査長・課長補佐級、管理能力発揮期は課長・部次長・部長級です。

たとえば、リーダーシップ能力領域（組織運営能力）を見てみると、主事級から課長補佐級までは、チームや課内で関係者と協力・協調しながら一体感を持って業務を遂行することを求め、さらに主査長・課長補佐級には部下、同僚、後輩にたいして、適時適切な指導・助言を求めています。これは、対個人リーダーシップですが同時に、主査長以上には「職員管理」の項目で、職員の経験、勤務状況、健康状態などを掌握し、これらを踏まえた業務の割り当てや進行管理を求めています。つまり、対集団リーダーシップと業務統制を求めていることが分かります。さらに課長級以上については、「組織活性化」の項目で、職員の自発性や自律性を育てる組織づくりを効果的に進めたかどうかを評価の対象としています。

意識評価の項目として「協調性」が入っていませんが、「協調性」については「チームワーク」の中に意識をとり込んで、一体として能力を評価をしようとしています。

表３　我孫子市　能力・姿勢評価表

項目	評定要素 ＼ 職員の区分		行政職				医療・福祉専門職				消防職				技能労務職		
			能力開発期	能力活用期	管理能力育成期	管理能力発揮期	能力開発期	能力活用期	管理能力育成期	管理能力発揮期	能力開発期	能力活用期	管理能力育成期	管理能力発揮期	能力開発期	能力活用期	管理能力育成期
能力	職務遂行能力	知識・技術力	○	○	○	○	○	○	○	○	○	○	○	○	○	○	○
		決断力				○				○				○			
		理解・判断力	○	○	○		○	○	○		○	○	○		○	○	○
		注意力					○	○			○	○			○	○	
		正確・迅速性	○	○			○	○			○	○			○	○	
	政策形成能力	創意工夫・計画力	○	○	○	○	○	○	○	○	○	○	○	○	○	○	○
		情報収集・活用力	○	○	○		○	○	○				○				
	折衝調整能力	交渉・折衝力			○	○			○	○			○	○			○
		説明・調整力	○	○			○	○			○	○			○	○	
	組織運営能力	チームワーク	○	○			○	○			○	○	○		○	○	
		指導・育成	○	○	○		○	○	○		○	○	○		○	○	○
		職員管理			○	○			○	○			○	○			○
		組織活性化				○				○				○			
意識	責　任　度		○	○	○	○	○	○	○	○	○	○	○	○	○	○	○
	積　極　性		○	○	○	○	○	○	○	○	○	○	○	○	○	○	○
	服　務　規　律		○	○			○	○			○	○			○	○	

第2章

目標管理の基本

目標に「よる」マネジメント

つぎに、目標管理について見ていきましょう。

目標管理は、昭和三〇年代に日本に紹介されてから幾度もブームをまき起こしては忘れ去られていくという繰り返しを経て、今日では広く普及しています。

日本で大きく普及するきっかけとなったブームは一九九〇年代に訪れています。九〇年代の日本は、バブル経済が崩壊し、それまでの年功序列、終身雇用、新卒採用といった雇用慣行が行き詰まりを見せ始めた時代です。

民間企業では、成果主義の考えを取り入れ業績貢献の大きさに応じて社員を処遇していこうという方向に舵を切り始めるところも現れました。そういった企業で成果主義を導入し業績評価を実施するためには、基盤として目標管理制度が必要だったという事情が目標管理が普及した背景にあります。

この章では、目標管理の基本にある考え方を心理学の知見も借りながら解説していきます。「よい目標」をどのように作成するか、また目標管理を通じていかにやる気を引き出していくかについて考えていきましょう。

目標に対する認識は、この一〇年間でずい分変化したのではないかと思います。一〇年前は、自治体の仕事に目標を持ちこむこと自体そぐわないと拒否反応を示す方が少なからずいらっしゃいましたが、今日ではより積極的に検討されていると感じます。

目標とは必ずしもノルマではありませんが、一方的に押し付けられるノルマと考える向きもまだまだ皆無ではないと思われます。もし一方的なノルマを導入しようとすれば、自治体職員に限らず民間企業の社員であっても拒否反応を示す人がほとんどでしょう。

■目標管理（MBO）

目標管理はMBOと略称されます。MBOとは**「Management By Objectives and self-control」**の頭文字です。

ここで注目したいのは、byという前置詞のもつニュアンスです。直訳すると「目標を管理する」ではなくて、「目標による管理」のほうが正しい意味となり、「目標を持つことの効用を活かしたマネジメント」を意味しています。

またさらに、self-controlという言葉が続いていますので、**「目標と自己統制によるマネジメント」**が目標管理と呼ばれているものが本来持っている意味です。

目標管理の背景にある考え方は、**「細かく管理・監督するより自ら目標を設定し自己統制に委ねるほうが高い業績に結びつきやすい」**という人間理解をベースにしたものです。

目標管理を体系化したのはピーター・F・ドラッカーです。ドラッカーについては近年『もし高校野球の女子マネージャーがドラッカーの『マネジメント』を読んだら』（岩崎夏海著、ダイヤモンド社）というベストセラー小説も刊行されブームを巻き起こしましたので、ご存じの向きも多いのではないでしょうか。

この小説『もしドラ』はある弱小の高校野球部を主人公のマネージャーが甲子園に導くまでを描いた青春ドラマですが、目標管理の考え方や実践の仕方が見事に解説されています。

■目標のはたらき

それでは、なぜ目標による管理がこれほど注目されているのか考えていきたいと思います。

目標を立てることで、人にはさまざまな変化が起こります。

目標を持つと、人はその目標を達成しようという「意欲」を持ち、「努力」し「行動」します。また達成するための「創意工夫」や「知恵」を発揮しやすくなります。

また目標がハッキリしていると、目標を最大限効率よく達成する方法を考えます。そのため「効率化」をもたらします。

さらに、目標は思考を前向きにします。複数のメンバーが一つの目標を共有すると、そこには「連帯感」が生まれてきます。目標を達成したときには「満足感」があり「喜び」があります。この満足感は目標があったゆえにはじめて得られたのです。

また、目標を達成することで人は「成功体験」を積み重ねることができます。人間はだれしもこの成功体験を重ねることで成長し「自信」を持てるようになります。

目標を持つと人は変わる

それでは人の行動を変える目標とはどのようなものでしょうか。

モノはためしに、あなたの人生において成長のきっかけとなった目標を、振り返ってみてください。おそらくそれは「自転車に乗る」とか「逆上がりをする」「二五メートル泳ぐ」「英検三級を取得する」「県大会で優勝する」といった、具体的な目標だったのではないでしょうか。こういった目標は本人の行動をうながすようなやる気を引きだすもので、また達成できたかどうか明確に判断できる具体的な目標です。

人を成長させる目標には、**ゴールが明確で、具体的な行動をともなう**ことが必要です。

また、**目標自体に魅力**があり、達成したいという強い意欲を引き出すような目標こそが人の行動を変え、人を成長させます。

■やる気を引き出す目標

E・A・ロックとG・P・ラザムによると、目標がやる気を引き出すにはつぎのような工夫が必要とされています。

①本人に努力（工夫）しなければならないとの自覚を促し（目標の困難さ）

②なにをどこまでやったらよいのか期待成果を示し、どのように取り組めばよいのか、手段、方法、手順を一緒に考え（目標の明瞭さ）
③達成できた状態をイメージさせ、自己効力感を醸成する（可能性の認知）
④目標は最終的に自分で決めさせ、工夫して作らせる（目標の選定）

①目標の困難さ

達成が容易な目標ではやる気につながりません。人は多少困難な仕事にぶつかって自分を試してみたいと考えているものです。またできれば、自らの手で克服して自分の有能さを示したいという欲求もあわせもっています。その気持ちがよい結果を生むことになります。

②目標の明瞭さ

自分がなにをしたらよいか分からなければ意気消沈してしまいます。迷ったりためらったりすればするほど、やる気は失せてしまうものです。

③可能性の認知

人間はだれしも自分は重要な存在で、有能さを誇示したい願望があります。達成することで自分の有能さを確認することができるような目標はやる気を引き出します。

④目標の決定

目標は与えられるよりも、自分がやりやすいように工夫して自らつくるほうがやる気にさせるものです。過去の成功体験・失敗を踏まえて、また可能性の認知と折り合いをつけながら選定することになります。

■輪投げ実験

困難かつ達成可能な目標こそ、人のやる気を引き出します。

「輪投げ実験」という有名な実験があります。

これは、ハーバード大学のマクレランド博士が、目標の難易度とやる気の関係を調査した、心理学の実験です。

輪を投げる位置、すなわち難易度は参加者の自由として輪投げをさせると、至近距離から投げた場合と遠い距離から投げた場合はともにモチベーションが低く、成功確率六割の距離から投げた場合が最も高いモチベーションだったことがわかりました。

目標を設定するには、難しすぎても、簡単すぎてもやる気をそぎます。工夫して取り組めばなんとか達成できる程度の難易度こそやる気を引きだします。

■自己決定&ベースのスキル

目標は自分で設定することが必要です。人が成長するためには「親に勧められた」「上司からアドバイスを受けた」といった他者が決めた目標ではなく、**自己決定**し自分でやり抜く心理的プロセスが重要だからです。

そのさい、目標達成のベースとなる**スキル**を持っているかどうかは慎重に見きわめる必要があります。

一〇歳の日本人の子供が、英検三級を取得するという目標を立てたとします。

英語圏の一〇歳なら英検三級レベルの英語を使えるのはなんの不思議もありませんが、日本で平均的な教育を受けた一〇歳の子供に英検三級に合格できるようなスキルはおそらくないでしょう。この場合潜在的な能力は十分備えているが、スキルが不足していると考えられます。

一見簡単そうにみえる目標でもスキルを無視して考えると達成不可能な目標になってしまいます。

いかに「よい目標」を立てるか

目標管理を成功させるポイントは、「いかにしてよい目標をつくるか」「いかにしてメンバーのやる気を引き出すか」につきます。

どのような結果を出すかについて明確な姿が描け、そのアウトプットが組織目的を果たしていく上で価値あるものであることが、ここで言う「よい目標」です。目標づくりの切り口やポイントをつかみ、目標達成の道筋を描くことが大事です。

目標管理では、上司と部下とのあいだでゴールと道筋について合意ができたあとは、本人に委ねていくのが基本です。

まず、目標づくりの考え方とアプローチの仕方を見ていきましょう。

よい目標には三つの特徴があります。上位目標との

図8　「よい目標」の特徴

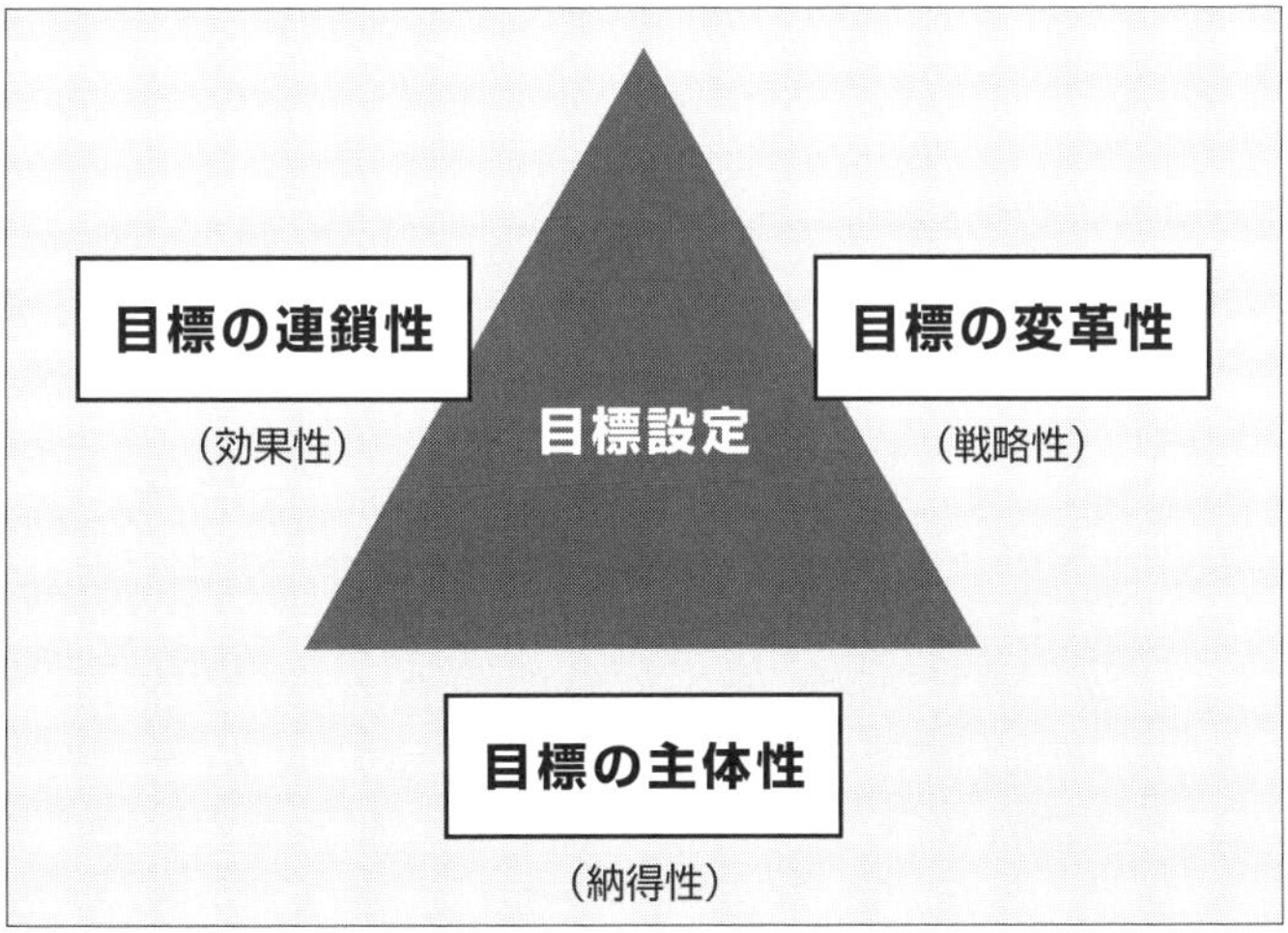

連鎖性（**効果性**）、なにかを変えていくことにつながる**変革性**（**戦略性**）、本人のモチベーションを支える**主体性**（**納得性**）の三つです。

■連鎖性

部門や個人の目標が組織全体の目標達成に役立つような、整合性がとれたものになっていることを連鎖性と呼んでいます。「よい目標」の第一条件は、上位の目標・方針・計画に連鎖していることです。

上位の目標が設定された背景や目的を確認し、部門・個人の活動に反映させることが必要です。

■変革性

二つ目の条件は、現状をよい方向に変えていくような目標であることです。いうまでもないことですが、現状をより悪くするような目標や、現状維持に終始するような目標は立てるべきでありません。

図9　組織活動と目標連鎖

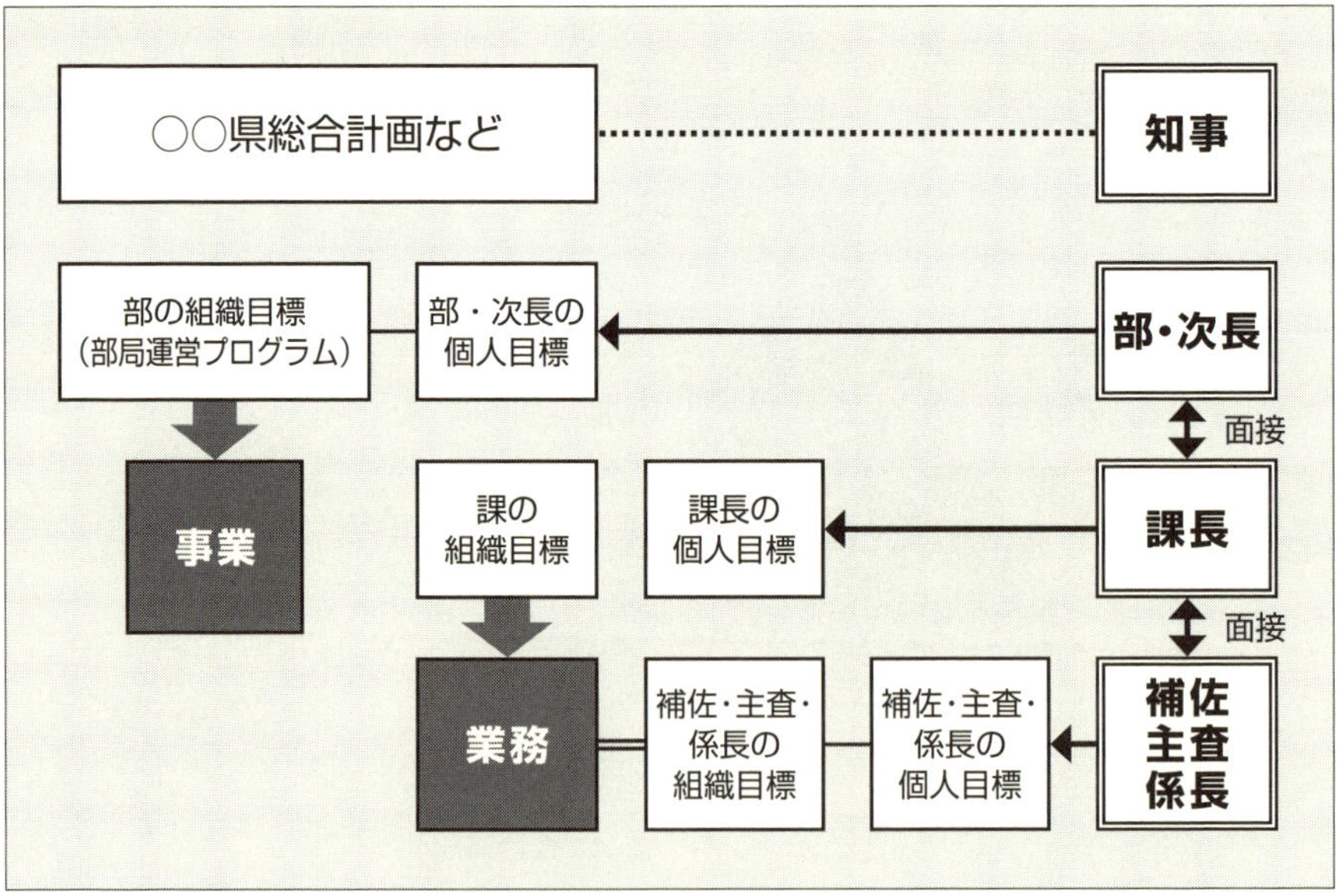

■主体性

第三の条件は「自分はどうしたいのか」という個人の主体的な意思が反映されていることです。自分が決めた目標だという実感があることが、結果に対する責任を果たしていこうとする意欲の源になるからです。

形だけ整えた目標ではなく、個人の主体性が反映されてはじめて効果的な「生きた目標」と言えるでしょう。

「変革」につながる目標設定

自治体は税収減少、少子高齢化をはじめ、さまざまな課題への対応を求められています。これらの課題をのり超えてゆくためには、自発的で問題解決力に優れた職員の力がますます求められています。

問題とは改善を必要とする状況のことだと考えられますが、通常は発見されずに放置され、見過ごされています。

問題を解決する能力とは、まずは問題を見つける力だといえるでしょう。

■問題のタイプ

問題には三つのタイプがあると考えています。

ひとつは**「見える問題」**です。なんらかのあるべき基準に照らして届いていない、あるいは逸脱しているような、比較的わかりやすい、発見しやすい問題です。約束の時間に遅れる、入力ミスが多い、機械が故障した、クレームが発生した、在庫が膨らんでいるといったものがこれに該当します。

いっぽう、比較的発見しにくい問題も存在すると考えています。これを**「探す問題」**と呼んでいます。発見しにくい問題は注意深く観察して積極的に発見していかなければなりません。原因は不明でも不満が増加しているなど、問題の存在を示唆する手がかりは必ずあるものです。

そのほかに、将来の変化を予測して対応する必要がある問題も考えられます。これを**「創る問題」**と呼びたいと思います。人口減少問題など、前もって準備しておく必要があるタイプの問題です。

■どのように問題を発見するか

業務改善の分野ではよく「正」「早」「安」「楽」という言葉を使いますが、問題を発見するには、つぎのように考えるとよいでしょう。

・もっと効率的にできないか
・もっと効果的にならないか
・新しい方法で置き換えることはできないか

問題解決型の目標を設定するためには感覚や思い込みにとらわれず、データに着目するとよいでしょう。現在の健康診断受診率の具体的な数値に接していれば、自然と数値の低さを理解し、「健康診断受診率の低さ」という問題を発見できます。問題を発見できれば、「県民の健康診断受診率の向上」すなわち問題の解決を目標として設定することは容易でしょう。

■やる気を引き出す

目標を持つことと、人のやる気がどのように結びついているかを左の図に整理しました。

上司は部下の目標設定を支援します。その結果目標を達成すると部下は賞賛され報酬を受けます。

困難な目標を成し遂げたことで、自分はやればできるという**有能感**、組織の中で重要な役割を果たしたとの**重要感**、好意的に周囲に受け入れられているという**好感**を実感し、自分に対する肯定的な感情を高め自信をつけていきます。

自信を持つと人はさらなる能力開発へより前向きになり、より高い目標に挑戦してゆくという好循環がうまれます。

図 10　目標とやる気のサイクル

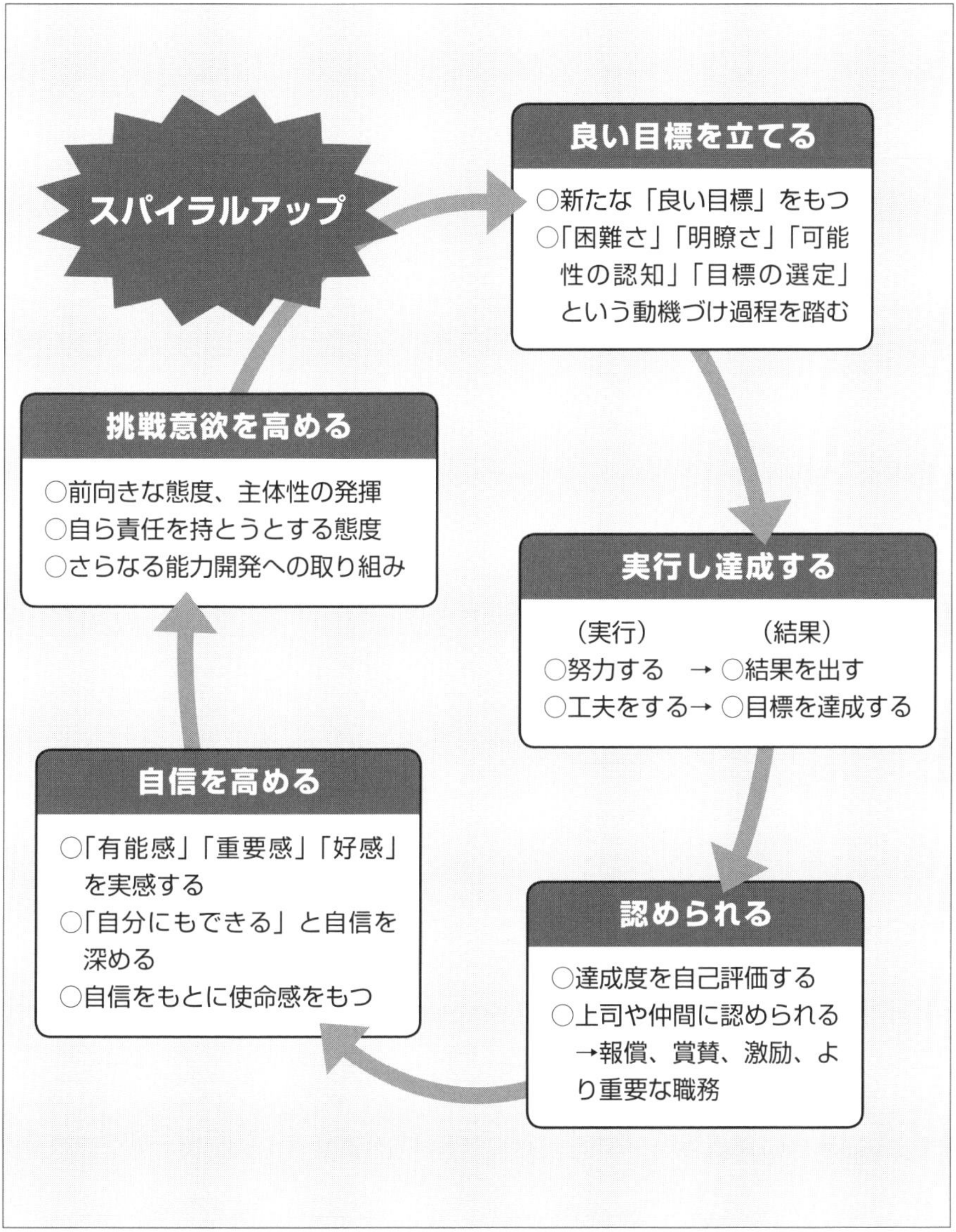
スパイラルアップ
良い目標を立てる
○新たな「良い目標」をもつ
○「困難さ」「明瞭さ」「可能性の認知」「目標の選定」という動機づけ過程を踏む
実行し達成する
（実行）
（結果）
○努力する　→ ○結果を出す
○工夫をする→ ○目標を達成する
認められる
○達成度を自己評価する
○上司や仲間に認められる
→報償、賞賛、激励、より重要な職務
自信を高める
○「有能感」「重要感」「好感」を実感する
○「自分にもできる」と自信を深める
○自信をもとに使命感をもつ
挑戦意欲を高める
○前向きな態度、主体性の発揮
○自ら責任を持とうとする態度
○さらなる能力開発への取り組み

第3章

目標設定段階のポイント

目標管理のプロセス

第2章では人事評価において重要な目標管理とはなにか、基本となる考え方を解説しました。第3章では、より具体的にどのように目標管理を進めていけばよいかについて解説します。目標管理がうまくいくかどうかは設定した目標の質にかかっているといっても過言ではありません。まずは、全体のプロセスと考え方について見ていきましょう。

目標管理の進め方と、各段階で上司と部下それぞれがやるべきことを左の図に整理しました。大事なのは双方が納得して進めることであり、そのためにはまず話し合いの場を持つことから始めるとよいでしょう。

つぎに目標を設定します。目標は通常三、四点に絞り、組織目標との連鎖性を確保するよう注意して設定します。

業務を通じて上司は部下をサポートし、評価材料として部下の行動記録を残します。

期末に目標をどの程度実行できたか評価し、評価結果をフィードバックする面談を行い次年度の課題を洗い出します。

図 11　目標管理の進め方

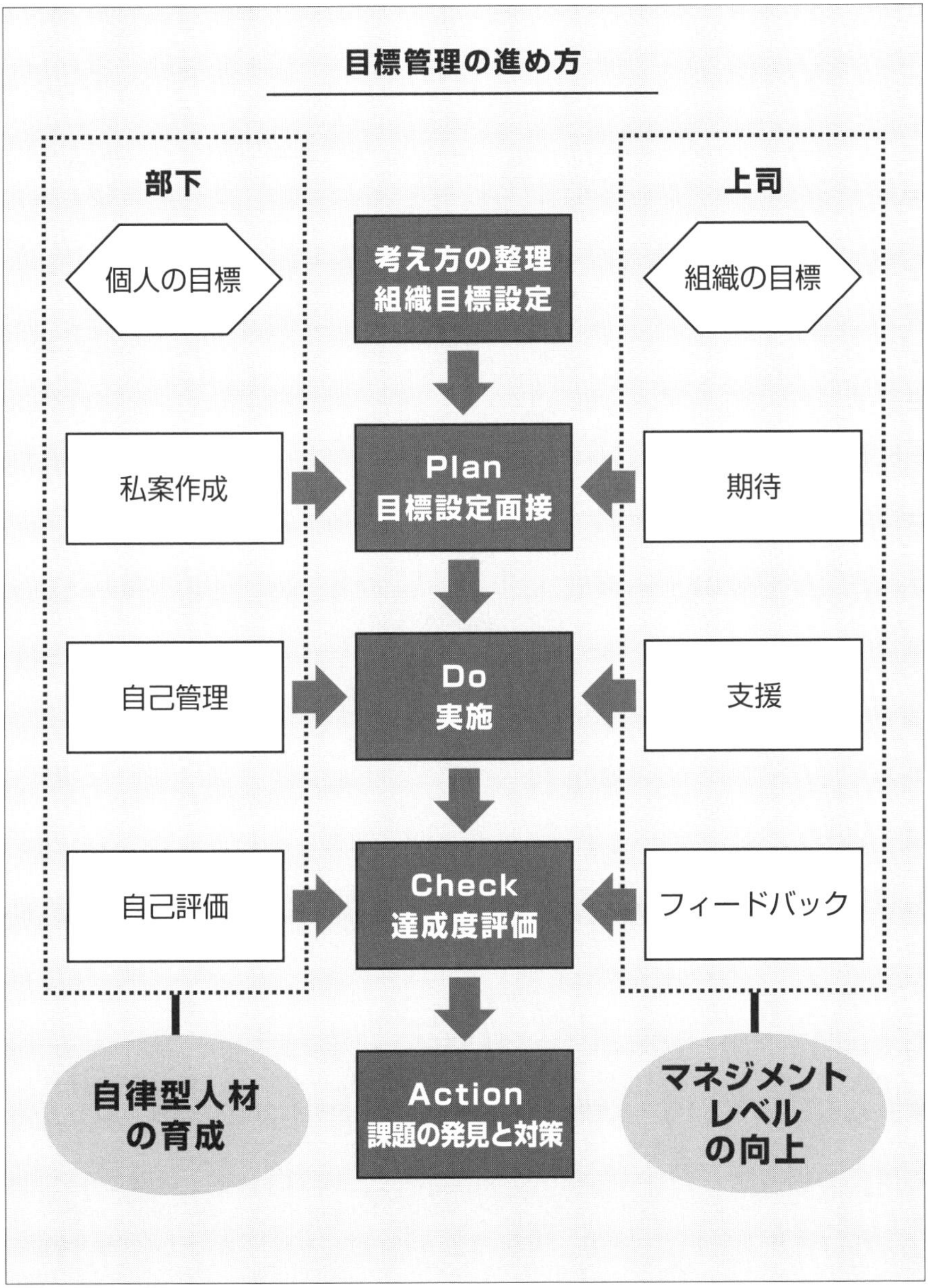

管理者としての考え方

目標管理を導入するうえで、どのように組織を運営して責任を果たしていくかという管理者としての基本的な考え方を整理しておくことが大切です。「部門の役割はなにか」「どのような部門にしたいのか」「部門の課題はなにか、その中でなにを優先させるか」「個々のメンバーになにを望み、期待するか」について整理し、わかりやすい言葉で伝えることが管理者に求められます。

目標管理を実行する上で管理者が整理しておくべき点を表4にまとめました。管理者はこれらについていつでも自分の考えを示すことができるよう準備をしておくことが必要です。

とくに重要なポイントを以下に解説します。

■部門に期待されていることはなにか

部門が果たすべき基本任務、役割・使命についてじっくりと考えておくことは目標設定に当たっての指針です。管理者は上位の方針や目標も参考に、部門の使命について明確な意見を用意しておきましょう。

■どのような部門にしたいのか

部門の現状がどうなっているかを語る管理者は多いのですが、具体的に「どんな部門にしたいのか」「なにをめざすのか」というイメージを語れる管理者は多くはありません。いつも意識して心がけていなければ、いざという時に部門のイメージを語ることができません。

■取り組むべき課題はなにか

「効率化」の追求はもとより、環境変化の中で、とくに創造性と競争力を獲得し、未来の成長につなげるための「革新・変革」をどのように実現するかという課題について明確に整理しておくことが大切です。多くの場合、変革には自部門だけでなく他部門あるいは組織外部とのネットワークづくりが必要になってきます。実現すべき課題の中でなにを優先させるかを整理し、また手順を把握しておくことが必要です。

■ひとりひとりのメンバーになにを期待するか

ひとりひとりのメンバーの能力、時間的余裕、指向などを把握します。部門全体の課題達成のためにメンバーに期待する任務や役割を設計します。

■目標管理と人材育成

目標を持つということは、自分の意思を持って仕事に当たることです。「自分はどうしたいのか」「自分だったらどうするか」という主体性を育てることにつながります。

目標管理では自己管理が基本となります。自発的な創意工夫や試行錯誤をうながし、結果に対する責任を引き受けることが個々のメンバーに求められます。また、達成感を重ねて前向きな態度を引き出してゆくことで、自発的な人材の育成が期待できます。

組織やチームを預かる管理者にとって、組織と人をどのようにコントロールするかは大きなテーマです。管理者は目標管理の実践を通じて、マネジメントの方法と考え方を身につけることができます。

表4　管理者としての考え方

①	部門の使命・役割	自部門の仕事が、なにを目的に、なんのためにやっているのかが分からないまま仕事をしても、やりがいを感じることはできない。上司が使命を部下に示さなければ、組織活動は予想しない方向に進む恐れがあり、部門のあり方を考える出発点として、部門の使命（業務の目的）あるいは役割を整理しておきます。
②	主要施策・事務・事業	総合計画・基本計画、行財政改革の実施計画、および施政方針などで示されている主要施策や重要な事業・事務を押さえておきます。
③	内部・外部の環境要因	トップの意思、議会での答弁内容、監査からの指摘事項、住民・諸団体からの要望、積年の懸案事項および緊急に発生した問題など、実務上取り組まなければならない課題を整理しておきます。
④	部門の現状	①～③についての現状（事実）を洗い出します。ブレーンストーミングなどの手法を活用し、部長は所管する課長と、課長は所管する職員とのミーティングを通じて、改善・懸案事項を出させ整理します。ここでは、当たり前に思っていることや書きにくいことも含めて、事実を書くことがポイントです。
⑤	今年度部門重点課題の設定	今年度取り組むべき重点課題、仕事のテーマについて優先度を評価し、３～５項目程度に絞り込みます。
⑥	今年度の目標設定	⑤で設定した部門の課題について、今年度「なにを」行うのかという重点項目を決定し、その項目について「どの水準まで、どのような方法で、いつまでに」という、目標達成基準を明確にします。重点目標は、事務・事業の実施や見直し、事業展開に当たっての創意工夫、いかに効率的・効果的に組織を運営するかという視点から設定します。重点目標の設定が困難な場合は、通常業務の一層の効率化や経費削減、生産性の向上などが目標になります。
⑦	役割分担表の作成	部門の重点目標項目について、誰に担当させるかあらかじめ管理者としての計画を持つことが必要です。部下の能力、育成視点、将来の指向性、仕事の忙しさなどを勘案して、職員と話し合ったうえ、役割分担を決めていきます。

組織目標の設定

管理者による組織目標の設定はマネジメント活動の出発点です。自分が預かる組織を動かして、どのような業績を実現するのか、まずはゴールとしての組織目標を明確にすることが必要です。組織目標の質は、その後の仕事の業績やプロセスに決定的な影響を与えることになります。

■組織目標の視点

組織目標の設定に当たってはつぎの視点からの検討が必要です。

・短期的視点からだけではなく、中・長期的の視点から検討を加えていること。将来の発展のために現時点を考えていくようにしましょう。
・全体的観点に立って設定されていること。全体の業績をあげることがねらいであって、そのためには、当面、なにをしなければならないかを具体的に示すことが必要です。
・トップの意思が盛り込まれていること。今年はどういうことを達成しようとしているのかを明確に知らせ、総力を結集するものであることが必要です。

■組織目標の内容

組織目標は、あくまで管理者の責任において決定されなくてはなりません。事業高・利益、あるいは住民・サービスについて具体的な目標を設定し、アピールしやすい伝え方を工夫しましょう。事業高や利益をそのまま目標とせず、達成するための個別的重点項目を明らかにするのもひとつの方法です。

目標とともに管理者の考え方や方針を示すことで、メンバーが組織の方針を理解できるとともに、方針にそった個人目標を立てやすくなります。

組織目標を設定するときには、さらに以下の点に留意します。

- **目標の前提となる外部環境（地域特性や住民）と内部環境が十分に検討されていること**
- **より上位の目標や方針に合致していること**
- **計画通り進めば目標達成が見込めること**
- **ヒト、モノ、カネ、時間、情報、その他活用できる経営資源が効率的・効果的に用いられていること**
- **メンバーの参画・納得が得られ、かつ他部門との連絡・調整が図られていること**
- **予想される問題や不測の事態に対する予防策が準備されているなど、弾力的な内容になっていること**

コラム①：バランスト・スコアカード

組織目標を設定するときには、バランスト・スコアカードが役に立ちます。

バランスト・スコアカードは戦略を遂行するための具体的な計画を設定し、統制するための管理システムとして有効です。

組織経営にとって不可欠な「財務」のみならず、「県民」「業務プロセス」および「学習・成長」という四つの視点から戦略目標をバランスよく各種の指標に変換し、それらの因果・連鎖を検討することによって、戦略を具体的なアクションに展開していきます。

図12　バランスト・スコアカード

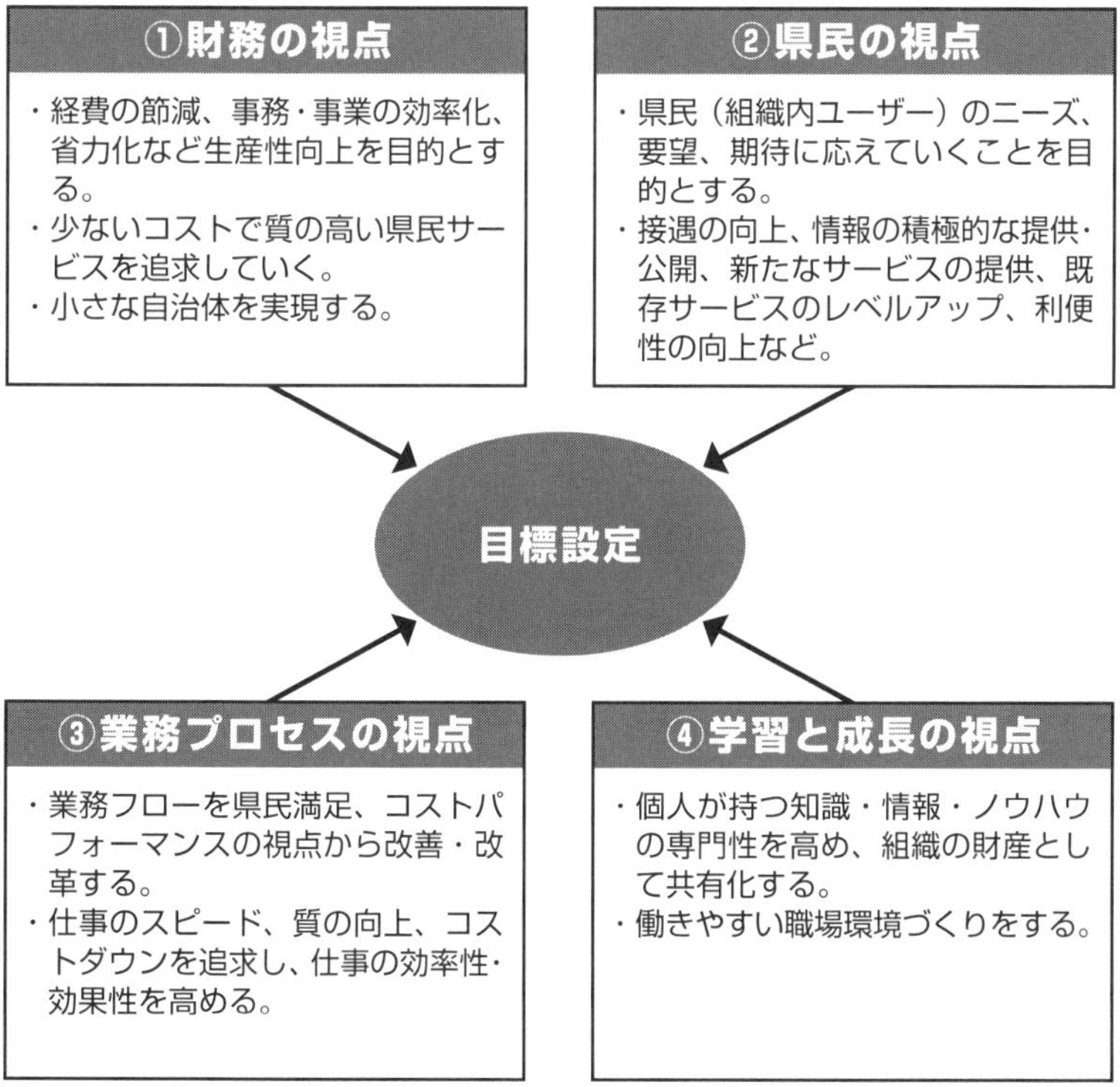

①財務の視点
・経費の節減、事務・事業の効率化、省力化など生産性向上を目的とする。
・少ないコストで質の高い県民サービスを追求していく。
・小さな自治体を実現する。
②県民の視点
・県民（組織内ユーザー）のニーズ、要望、期待に応えていくことを目的とする。
・接遇の向上、情報の積極的な提供・公開、新たなサービスの提供、既存サービスのレベルアップ、利便性の向上など。
目標設定
③業務プロセスの視点
・業務フローを県民満足、コストパフォーマンスの視点から改善・改革する。
・仕事のスピード、質の向上、コストダウンを追求し、仕事の効率性・効果性を高める。
④学習と成長の視点
・個人が持つ知識・情報・ノウハウの専門性を高め、組織の財産として共有化する。
・働きやすい職場環境づくりをする。

個人目標の設定

個人目標では、取り組む課題と到達点、期限を設定します。目標を達成する方法や手順、スケジュールなど道筋を明らかにしておくことが必要です。

目標は本人の意欲を重視して設定されるものですが、つぎのような前提に立って設定される必要があります。

■目標設定の前提

部下の自主性を尊重するあまり、やってみたいことならなんでも目標にするよう指示を出す上司がいますが、適切ではありません。

目標設定は、組織目標の達成のために個々の職員がどのように貢献するかについてあらためて考えるよい機会でもあります。

以下の前提条件を示して、目標作成の指示を出すようにします。

- **組織目標の達成、業績貢献につながること**
- **担当業務の主要部分をカバーし、役割を反映したものであること**
- **担当者自らが立案し、チャレンジ性があること**

・目標・業務プロセスが具体的であること

■個人目標のチェックポイント①：重点化とバランス

目標は達成に向けて一年間、多くの労力を投入するものです。あれもこれもと総花的に取り組んでいくのではなく、重点化とバランスが大事です。

・優先順位を付けて、「重要なもの三、四項目」に絞って設定しているか
・本人の主要業務をカバーし、立てた目標の達成が職責を果たすことにつながる関係にあるか
・目標間の難易度のバランスはどうか。短期目標、中・長期目標をバランスよく設定できているか
・なぜその目標を設定したかの説明ができるか

■個人目標のチェックポイント②：連鎖性と妥当性

職場目標説明会などを通して、管理者から示された組織運営の方針や重点課題、組織目標をよく理解し、自分の役割を考えて作成されたものであるかどうかをチェックします。

・部門（チーム）の課題、目標とその背景をよく理解して作成しているか
・個人目標の達成が組織目標の達成に貢献するような関係になっているか
・自分の職責・役割を踏まえたものになっているか。「今、自分はなにをしなければならないか、な

・「社員が自分の仕事として何をすることが重要か」の認識が十分か

■個人目標のチェックポイント③：達成基準の明確化

個人目標のゴールは明確であることが必要です。

達成基準は、業績を評価するものさしとして使われます。そのため達成基準には不明瞭な表現は使わないことが原則です。具体的には「以上」「以下」のような表現は使わず、出来るだけ数値で表現するように指導しましょう。

逆に、「ゼロにする」など完璧さを求める基準も注意が必要です。完璧に実行できる仕事はほとんどないのが現実だからです。このような基準を設定する場合には、同時にプロセスの目標も立てさせるように指導しましょう。

・評価時に達成度を評価できる内容か
・「定量化(数値化)」の工夫がされているか

■個人目標のチェックポイント④：難易度のチェック

第一章でも述べましたように、本人がやや難しく感じる程度の難易度に設定するように指導しましょう。

・本人の能力レベルや職位からみて、やや高い挑戦的な目標になっているか

・努力すれば達成可能な水準か。あまり高すぎて「絵に描いた餅」になっていないか
・高い目標での失敗を恐れ、低い水準、容易な目標に走ってはいないか

■個人目標のチェックポイント⑤：手段・方法

上司と部下のあいだで合意ができ目標を設定したあとは、基本的には本人の自主性、自発性に委ねて業務を遂行しましょう。

安心して仕事を任せるためには、目標達成の手段や方法についても大筋で合意をしておくことが必要です。これによって、適時適切な進捗管理と支援・アドバイスがしやすくなります。

・目標達成のために実際的な行動計画が描けているか
・必要な予算、人材、情報などが明らかにされているか
・先々を予測し、不測の事態への対処方法を考えているか
・達成プロセスでどのような支援が必要か

■個人目標のチェックポイント⑥：スケジュール

無期限の目標は人事評価においては意味がありません。達成期間、スケジュールに無理がないかこの段階でチェックしておくことが必要です。上司は部下と一緒にスケジュールを検討するという協調関係が必要です。

当年度で完結しない中・長期目標は、当期末における到達点を中間目標として設定します。

・達成期限がスケジュール化されているか

■個人目標のチェックポイント⑦：本人の意欲

本人が心から納得できる目標を設定するようにしましょう。そうすることでやる気を引き出し、本人が成長するきっかけになります。

・本人が納得し、自信と意欲を示したか

・目標設定時に「迎合」や「投げやり」な気持ちが見られなかったか

目標設定面接

それでは、期首に行う目標設定面接について見ていきましょう。この面接では上司と部下が話し合い、部下の個人目標を決定します。

目標設定面接は個人の目標を管理者がチェックし承認するために実施されます。一年間の職務のゴールとしての明確な個人目標を設定させるために、上司は部下にたいして適切な助言を与えます。

■目標設定面接での指導方法

では、面接での具体的な指導方法について見ていきましょう。

よくある問題としてあいまいな目標を設定してしまうケースが見受けられますが、先にも述べたように目標にはあいまいな表現を避け、できるだけ明確で具体的な目標を設定します。

図13　不明確な表現例

達成基準が不明確な表現例

「～したい」	「～を努力する」	「～を図る」
「～を強化する」	「～を徹底する」	「～を展開する」
「～を削減する」	「～を促進する」	「～を向上させる」
「適切(的確)に…」	「積極的に…」	「有効に…」
「タイムリーに…」	「～の効率化」	「～の見直し」
「～のシステム化」	「～の改善」	「～の確立」
「～の防止」	「～の構築」	「～の増強」

不明確な表現の例を図に示します。普段なに気なく使っている表現でも目標の記述としては適切でないものがあります。

■目標設定面接の手順と留意点

目標設定面接は、つぎのような手順で進めます。

図14　目標設定面接の流れ

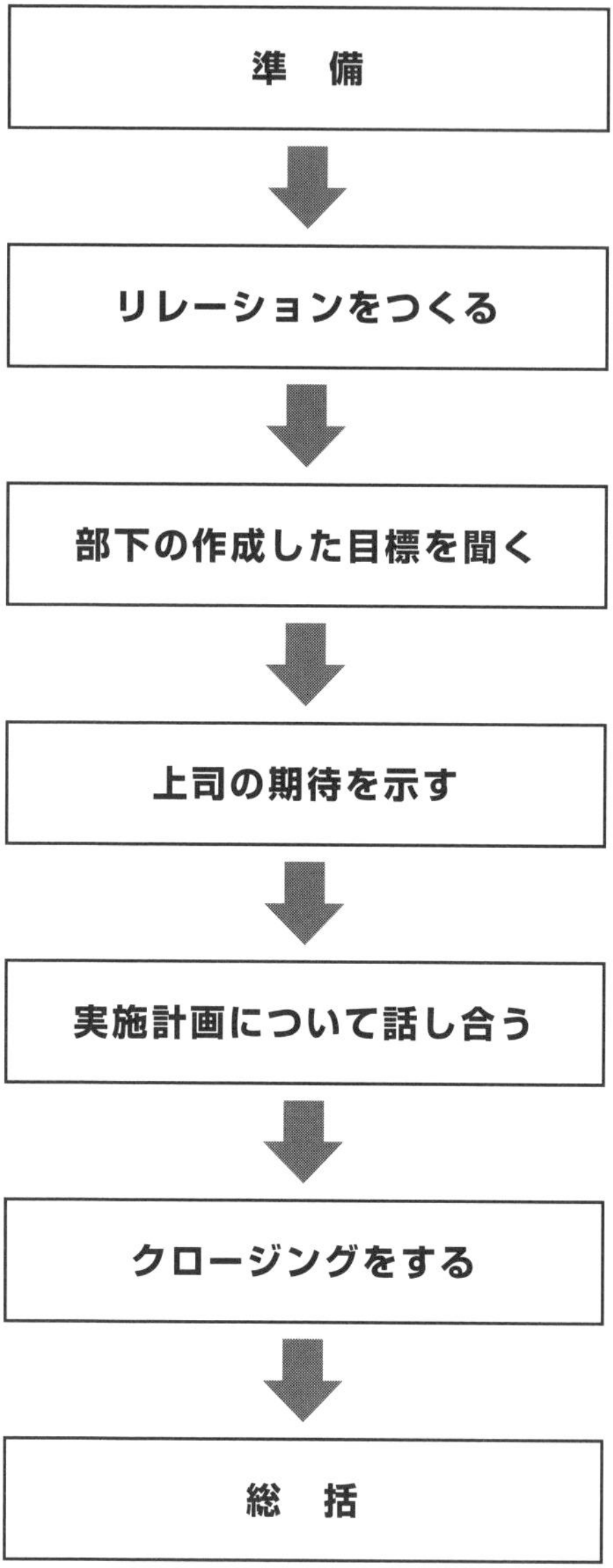

①準備

目標設定面接の二、三週間前に職場目標説明会を行い、上司の方針として組織目標を示し、部下に個人目標の設定を指示します。

目標設定シートの提出期日、面接の日時、場所の確保などの準備をします。場所は落ち着いて話ができるところで、できれば個室を予約したいところです。場所の確保、時間の確保は、被評価者に対する敬意を示す最初の行為だと考え、手を抜かないようにしましょう。

提出された目標設定シートに目を通し、話し合いのポイントを整理して面接に臨みます。

②リレーションをつくる

リレーションとは関係性のことです。部屋に部下を迎え入れ労をねぎらいます。「おつかれさま」「いつも遅くまでたいへんだね」などの感謝の言葉をかけましょう。

「あなたのおかげで、今年入った新人も順調に仕事を覚えてくれていて私としてもずいぶん助かっている」などのように部下に配慮を示し話しやすい雰囲気をつくることを心がけましょう。

その後面接の主旨を確認します。

「今日は、一年間の仕事の目標について、あなたの問題意識と私の期待をすり合わせて目標を決めたいと思う」

③部下の話を聞く

「さて、今期の目標についてはすでに目標設定シートに記入して提出してもらっているが、まずはあなたの方から簡単に説明をしてもらえるかな」のように本題を切り出します。

なぜ「まずはあなたのほうから」なのかというと、理由が二つあります。

この時上司はすでに部下が作成した目標設定シートに目を通していますが、部下の意図や考えを正確につかめているとは限りません。先に部下の説明を聞いて自分の理解を修正したり、整理する必要があります。

また、上司から先に話をすると部下が委縮してしまう可能性があります。部下にとって上司と話ができる折角の機会であり、こんなことを聞いてみよう、こんな話ができたらいいな、という期待を持って臨んでいます。面接ではまずしっかりと部下の話に耳を傾けることが大事です。

上司がよかれと思ったアドバイスが説教や押しつけだと理解されることもありますが、部下の話をまずしっかり聞いていれば、押し付けがましくない話し方を考えることができるでしょう。また部下もしっかり話を聞いてもらっているという満足感をベースに、上司の話す内容には素直に耳を傾けるでしょう。

④上司の期待を示す

部下が立てた目標に理解を示し、友好的な雰囲気をつくりましょう。その上で、「個人目標のチェックポイント」で示した観点から、上司の意見を伝えます。その際、部下を批判するような調子を避け、なにごとも相談ベースで話をするように努めましょう。

たとえば、「先日の職場目標説明会で発表した、課の目標を踏まえた目標になっているね。あなたの主要業務にしっかりと焦点を当てた目標という点でもなかなかよい目標になっていると思うよ。ただ、最初の目標はもう少し難易度を上げてもよいように思うけどどうだろうか?」などのような話し方がよいでしょう。

⑤実行計画について話し合う

目標設定面接で合意ができたらその後は、本人の自己管理に多くを委ねていくことになります。それだけに、どのように実行していくかという、手段、方法、スケジュールについても意見交換やアドバイスを行い方向を決めておくことが必要です。

⑥クロージング・総括

話し合った内容を確認し、共有します。最後に上司としての協力の姿勢を示し、来期に向けた奮闘を促します。たとえば「私もできることはなんでも協力するので思いっきり取り組んでもらいたい。なにか困ったことがあれば相談してもらいたい」などのような言葉をかけるとよいでしょう。

また、部下の目標達成のロードマップと管理ポイントを設計します。

■目標設定面接の振り返り

面接が終わった後、管理者自身で振り返りをしてみましょう。管理者として振り返るべきポイントを表5に整理しました。じっさいの人事評価プロセスでもこのような表を事前に作成しておくと、同じ基準、視点の共有や業務の効率化のうえで役立ちます。

表5　目標設定面接振り返りシート

区分		項目	着　眼　点	自己評価	反省点
導入		リレーションづくり	・ねぎらいや感謝の言葉など、日ごろの部下の労をねぎらう気持ちがうまく伝わっていたか。 ・部下の緊張感や警戒心を解きリラックスした雰囲気づくりができていたか。 ・面接の目的を話し、部下の理解を得ていたか。		
話し合い	応対の基本	傾聴力	・うなずく、あいづちを打つ、視線を合わせる、メモを取るなど、部下の話をしっかりと聴こうという姿勢が感じられたか。 ・部下の話を要約したり、確認をするなど、積極的に理解をしようと努めていたか。		
		質問力	・部下に気づかせたり、考えさせ、大事なポイントを引き出すような質問が効果的になされていたか。 ・会話に広がりや掘り下げが感じられたか。 ・詰問調や論理的な選択を迫るような質問になっていなかったか。		
	内容	目標の検討	・作成された目標の妥当性、連鎖性を検討し、必要に応じて不足点を指摘し、修正の方向づけをしていたか。 ・高い目標での失敗を恐れ、低い水準、安易な目標になっていないかチェックし、必要に応じて、チャレンジを促すなどの指導力を発揮していたか。		
		助言・アドバイス	・目標達成のためにどのような手段、方法、スケジュールで取り組もうとしているのか、実際的な実行計画がどこまで描けているのかについて話し合い、情報提供や助言・アドバイスを行っていたか。 ・先々を予測し、不測の事態への対処方法を話し合ったか。		
クロージング		結び	・話し合った内容を確認し、合意したこと、合意できなかったことを確認し、再提出については期日を確認する。 ・上司としての協力、支援の姿勢を示し、目標達成に全幅の信頼を寄せていることを伝え、奮闘を促す。		

第4章

評価段階のポイント

業績評価の考え方

それでは、期末に目標の達成度を評価するときの考え方やポイントを見ていきましょう。

期末の評価はＰＤＣＡサイクルのＣ、チェックの段階にあたります。一年間の業務行動の結果を受け止め、期首に設定した個人目標との差異を把握し、結果を分析して部下を評価します。

また評価結果を部下へフィードバックして今後の課題を確認させることが大切です。

まず、評価段階における管理者の考え方について解説します。

■評価段階の考え方①：結果を受け止める

たとえどんなに結果が悪かろうと、一年間の職務行動は今さら変えられない結果です。反省はもちろん必要ですが、改善策を考えるほうが前向きな対応と言えるでしょう。

部下の将来のために適切なアドバイスをあたえるのが上司の役割ですから、過度に批判的にならず、結果は結果として受け止めるようにしましょう。

また、上司からみれば不満の残る結果であっても、部下にはなにか事情があるかもしれません。そのように考えられるなら部下の話をよく聴いてあげることで、よいアドバイスのきっかけができるかも知れません。

・部下、部門の実施した仕事の結果と職務遂行行動は事実として受け止める

■評価段階の考え方②：結果だけでなくプロセスも評価

結果だけではなく、仕事の品質、量、コスト、期日、サービス基準を遵守し、クリアできていたかも把握するようにしましょう。

また、目標の優先順位を再確認し、優先度の高い目標が実現できたかどうかを把握するとよいでしょう。部下の仕事に対する取り組み姿勢を判断する材料になります。

・結果だけでなくプロセスや仕事の品質についても評価する

■評価段階の考え方③：原因を考える

成果が出た原因、逆に成果が出なかった原因を分析するようにしましょう。

この場合、外部環境によるもの、組織の内部事情によるもの、本人のスキルや能力によるもの、などに分けて分析するのがよいでしょう。

■評価段階の考え方④：結果は必ずフィードバックする

評価結果については必ず部下にフィードバックすることで、課題を明確にして人材育成につなげましょう。

■評価段階の考え方⑤：自分自身の振り返り

管理者は部下の評価を行うだけでなく、みずから率先して自分自身の振り返りをおこないましょう。期首に決めた組織目標と、達成のための手段・方法は適切であったかどうか、部下にたいする支援、指導、助言は的を射ていたかどうか、部下の意欲・能力を向上させることができたかどうか、などの点をとくに注意して振り返るとよいでしょう。

業績評価の方法と進め方

それでは、業績評価の評価方法を見ていきましょう。

■目標達成度を評価する

期首に立てた目標が期末にどの程度達成されたか、あくまで事実にもとづき評価します。

このとき、上司が実施した支援は評価に影響させません。また業績と能力・姿勢を混同しないように気を付けてください。

評価では、部下が設定し上司が承認した期首の目標の達成度を判断していきます。

達成度を表すのには一般に「s」「a」「b」「c」「d」などの記号が使われます。この記号のことを**「評語」**と呼んでいます。評語としてはローマ字のほか、「1」から「5」までの算用数字もよく使われます。

これとは別に総合的な業績評価を**「全体評語」**を用いて表す自治体もあります。目標の達成度以外にも、たとえば地域活動への参加状況など評価するうえで特記すべき事項があれば所見欄に記載します。

評語にはつぎのように目標達成度の評価基準が設定されています。管理者はこの基準に従って達成度を判断します。

ｓ…期待をはるかに超え、際立った結果を出した
ａ…期待を上回る結果を出した
ｂ…期待通りの結果を出した
ｃ…期待に届かなかった
ｄ…ほとんど結果を出せなかった

この場合、ｂ以上の評価は基準をクリアしたことを、ｃ以下の評価は基準をクリアできなかったことを意味しています。

■業績評価における例外

先述したように、業績評価は期首の目標の達成度を評価するものですが、例外的にほかの要素を考慮することもあります。

たとえば、自然災害や気象変動など不可抗力の原因があった場合は、評価上でも考慮します。地震や台風の被害対応や復旧工事を優先させるのは自治体として当然です。それが原因であれば目標の未達成や遅れはやむを得ないと考えられます。

また、難易度の高い目標に挑戦した場合は評価上も優遇する必要があります。難易度の高い目標であれば当然未達成のリスクも高くなります。これを結果だけで評価していてはリスクを取ることを避けるようになってしまうからです。

難易度の高い目標に取り組んだ場合、たとえば結果だけ見れば未達成で達成度評価は「ｃ」であっても、通常の難易度の目標に取り組んで達成した場合の評価「ｂ」とおなじ評点を与えるルールを作っています。

このルールを「**業績評価におけるプラス一の原則**」と呼んでいます。

多くの場合、つぎの表のような達成度と難易度のマトリックスを作成して評点を決めています。

■業績評価の留意点

異動した直後の業績評価で評価が下がることがないように配慮しましょう。異動すると評価が下がるのであればだれも異動を望まなくなってしまいます。

また、達成度評価には達成度を示す管理データや調査結果など、裏付け資料が必要になります。

その他、所見は、二次評価者が調整を行う場合や、部下に結果を開示して指導・助言する場合にも役に立ちます。所見欄はできるだけ詳しく記載するようにするとよいでしょう。

表6　業績評価マトリックス

難易度＼達成度	T1	T2	T3	T4	T5
S	2.0	1.8	1.6	1.0	0.4
A	1.8	1.6	1.3	0.8	0.3
B	1.6	1.3	1.0	0.6	0.2
C	1.4	1.1	0.8	0.4	0.1

■演習問題

業績評価の理解度をチェックしてみましょう。

問題

業績評価に関するイ～ニの文章を読み、業績評価として適切なら○、適切でなければ×をつけてください。

（評語はs、a、b、c、dの五段階、b評価が標準）

イ：A係長は、目標どおり、「子育て支援中期計画」を完成させた。しかし、B課長は、遅れ気味になっていた作業の進み具合を指導したり、自らアイディアを提供したりした分、つまり、手伝った分を差し引いてA係長の業績を評価した。

ロ：在課四年目のC主事は、年初に総括主査との面接で設定した職務目標を完璧にやり遂げた。しかし、その目標は、担当の中でも新任の主事が通常担当するやさしい仕事であった。これまでこの担当の仕事は主事二人でやっていたが、今年から主事一名が主査に振り替わったため、C主事がこの仕事を担当することとなった。総括主査はできて当たり前と考えb評価とした。

ハ：産業振興を担当しているF副主幹は、地域のイベントへの集客が前年比一割アップさせるという目標を立てたが、この地域を舞台にした映画が大ヒットして、前年比五割アップ程度に伸びた。しかしF副主幹は毎日一五分程度遅刻し、しょっちゅう私用電話をしている。G課長はペナルティとして業績評価を一ランク下げてa評価とした。

ニ：M病院人事課のNさんは、全国の看護学校を訪問し、看護師確保に奔走している。看護基準改正により、どこの病院も看護師の募集人員を増やし、完全な売り手市場になっている。例年なら専門学校から確実に採用できていたが、事務長の方針により看護大学を中心に動いているうちに、専門学校に対するアプローチが遅れ、目標の六割しか確保できなかった。その事情をL人事課長はよく理解しており、評価はbとした。

回答と解説

イは、×です。

業績評価の原則は、期首に立てた目標が期末にどれくらい達成できたのか、事実だけを評価します。結果として達成したかどうかを判断するのが業績評価であり、上司が手伝ったかどうかは評価の対象外です。そもそも部下の目標達成を支援することは上司の職責と言えます。それを理由に評価を変えるという考え方は適当とは言えません。

ロは、×です。

目標を完璧にやり遂げたのであれば相応の評価が必要です。低くても「a」、場合によっては「s」評価とするのが適切です。

そもそも簡単に完璧に達成できる目標設定は妥当ではありませんが、総括主査とC主事が目標設定面接の場で合意した以上、その目標をもとに評価する必要があります。

ハは、**×**です。

ここでは業績評価を問題にしています。業績評価に能力・姿勢に対する評価を持ちこむことは不適切です。

もちろん「毎日遅刻し、しょっちゅう私用電話をしている」のは規律性のマイナス行動であり、能力・姿勢評価では高い評価は得られないでしょう。

このケースでは、ペナルティがなければF副主幹は「ｓ」評価だったことになりますが、集客数五割アップをもたらした最大の要因は映画の大ヒットであり、Ｆ副主幹の業績と考えるのは疑問に思うところでしょう。

この場合ですが、業績評価では幸運が影響した業績でもあくまで業績のみを持って評価する必要があります。幸運などの影響を勘案すると恣意的な評価におちいる危険性があります。

いっぽう、たとえば映画がヒットせず集客数が逆に減少した場合も業績のみを評価します。ただし、自治体で例外として定められた自然災害などの影響については、業績評価で勘案します。

ニは、判断が分かれるところですが、**×**がベーシックな回答ではないでしょうか。

このような場合は方針変更があった時点で上司と部下のあいだで目標設定を見直すかどうか話し合うことが本来は望ましいと思われます。

事務長の方針が変更されたことの影響はあったでしょうが、専門学校へのアプローチが遅れた責任はNさんにもあるはずです。また期首の目標はNさん自身が設定したものであり、その運用はNさんが責任を持って行う必要があります。

なんらかの事情で目標が達成困難になりそうであれば、自発的に上司であるL人事課長に事前に相談して目標を見直すべきであり、評価において手心を加えるのは筋としておかしなことではないでしょうか。

能力・姿勢評価の方法と進め方

それでは最後に、業績評価と並ぶ人事評価の柱、能力・姿勢評価の方法について見ていきましょう。

能力・姿勢評価は、三つの選択を通じて評価します。

まず、部下の行動のうち、人事評価の対象になる行動とそうでないものを仕分けする必要があります。これを**「行動の選択」**あるいは**「事実の選択」**と呼びます。

つぎに、対象になる行動を評価項目と結びつける必要があります。評価項目を選択することを**「項目の選択」**あるいは**「要素の選択」**と言います。

最後にその行動の効果性やレベルを評価します。これを**「段階の選択」**といいます。

能力・姿勢評価においては、先述した三つの選択それぞれの基本的な考え方や原則を理解しておくことが必要です。

図15　三つの選択

ルール１「行動の選択」

↓

ルール２「項目の選択」

↓

ルール３「段階の選択」

■行動の選択

人事評価には必ず期間の設定があり、期間内の行動だけが人事評価の対象です。これを**「期間対応の原則」**といいます。

またプライベートな行動や職務に直接関わりのない行動(事実)は、人事評価の対象になりません。休日や休憩時間中の部下の行動を評価の対象から外し、あくまでも職務中の行動だけを評価するように気を付けましょう。

いざ評価しようとすると部下の行動がよく思い出せないことがあります。また強く印象に残っていることは評価者の価値観と結びついていることも多く、主観的な評価やハロー効果につながりやすいので注意が必要です。

人事評価は「記憶」ではなく「記録(事実)」にもとづいて行います。評価者は、日頃から被評価者をよく観察し、評価期間中の行動を記録しておくことが必要です。

また、部下の性格、生き方や価値観、政治哲学などの人物情報は人事評価に持ちこんではいけません。あくまでも、職務遂行にかかわる行動がどれだけ効果的であったか、組織が期待する質やレベルだったかという視点から評価します。

- **評価期間中の対象行動に限る**
- **事実にもとづいた評価をする**
- **行動は、職務遂行行動に限る**
- **人物情報は評価情報としてとりあげない**

■項目の選択

評価の対象となる行動を選択したのち、評価項目に結びつけるためには、項目の定義と着目点をしっかりと理解しておくことが必要です。日常的な用語や自分の感覚で解釈をしないで、各自治体で作成した「人事評価の手引き」などの文書をよく読んでから評価に当たるようにします。

また選択した行動はひとつの評価項目とだけ結びつけるようにします。二つ以上の項目に結びつけると、ひとつの行動が良ければ（悪ければ）あれもこれもよい（悪い）になってしまい、またハロー効果が起きやすくバイアスが強くかかった評価になります。ただし、能力と姿勢を分けて、おなじひとつの行動を能力項目と姿勢項目両方で選択し結びつけることは可能です。

たとえば、部下が評価期間中に業務の改善提案を行っていた場合、これを能力項目である「改善力」と、姿勢項目である「積極性」のふたつで評価することは許されます。

もし結び付けられる項目が複数あり、どれを選択してよいか迷ってしまう場合は、もっとも結びつきが強いと思われる項目を選択して評価を行います。

- **評価項目の定義、着目点をよく理解する**
- **ひとつの行動はひとつの評価項目で評価する**
- **評価項目の選択で迷ったら関連の深い一つの要素に結びつける**

■段階の選択

部下の職務行動と評価項目を結びつけたあとは、その行動が期待水準にたいしてどうであったかを判断し評語を選択します。

まず「3」の意味をしっかりと押さえましょう。

「3」は改善の余地があるとしても、一応期待水準に到達しているレベルであり、通常の業務遂行に支障がないレベルです。

「4」は、評価項目の定義において期待水準を上回っており、「申し分ない」あるいは「優れている」レベルであることを示します。

「2」は、評価項目の定義において期待水準を下回っており、「もの足りない」あるいは「不足している」レベルであることを示します。

「5」は、いますぐ上位職位に昇任したとしても「4」がとれる場合や、あるいはなんらかの厳しい制約をクリアしているような、まれな場合のみ使用します。

「1」は、期待水準に届いていないだけではなく、その行動が周囲にマイナスの影響を及ぼしたり、組織に損害をもたらしたりしたような問題ある行動について使用します。

「5」や「1」は、むやみに安売りして使用しないようにしましょう。

表7　評価基準の例

評　語	基　準
5	期待水準を大幅に上回った
4	期待水準を上回った
3	ほぼ期待どおりだった
2	期待水準を下回った
1	期待水準を大幅に下回った

■演習問題

能力・姿勢評価の理解度をチェックしてみましょう。

評価項目は、ある市の管理・監督職を対象とした評価項目です。三つの選択によって処理してみましょう。

問題

期間中に観察された部下の行動観察記録を読み、表8の評価項目と結びつけ、評語を付与してください。（評語は「3」を標準に「5」「4」「3」「2」「1」を使用）

イ：担当している業務の委託料に関して、A係長にたいし、「高すぎないか検証してくれ」と依頼したが、あまり調べもせずに「金額は妥当」との報告をもらった。（評価対象者：A係長）

ロ：公園の剪定予算の必要性について、公園緑地課のG主幹は市民からの要望書、放置することのリスク、現地の現物写真を示すなど、論拠と熱意をもって財政課に働きかけ、必要な予算の増額を確保した。（評価対象者：G主幹）

ハ：H課長は、ゴルフをはじめる年齢が遅かったが、熱心に練習し、かなりの腕前になった。休日は議員や部長などと頻繁にラウンドしている。（評価対象者：H課長）

表8　ある市の管理・監督職を対象とした評価項目

評価項目	着眼点
知識・技術	担当業務の遂行に必要な知識・技術を有し、業務に活用しているか。
判断力	状況を的確に判断し、適切かつ迅速な対応ができているか。
改善力	市民ニーズや社会情勢を踏まえ、担当業務領域の問題を的確に分析し、実現性のある改善案を出しているか。
統率力	ビジョンや方針を明示して組織内に浸透させ、部下のモチベーションを高めながら主体的な取り組みを引き出しており、リーダーシップを発揮しているか。
人材育成力	部下の能力・適性を把握し、それに応じた指導、助言、アドバイスを効果的に行い、本人の能力を伸ばすための様々な機会を与えているか。
折衝・調整力	自分の考えや意図を立場や意見の異なる相手に伝え、説得し、納得させているか。
情報収集・活用力	職務に必要な情報を収集・分析し、業務に活用しているか。
住民指向性（親切さ）	住民のニーズ、要望、期待や、住民の立場、置かれた状況に応じて、親切、丁寧、誠実に応対しているか。
責任感	業務にたいして自覚と誇りを持ち、最後までやり遂げているか。
規律性	社会規範や職場の服務規律を遵守しているか。

回答と解説

イは、「責任感2」「判断力2」です。

評価項目の「責任感」では与えられた業務を最後までやり遂げる姿勢を求めていますが、「あまり調べもせず」回答するようでは及第点を与えることはできないでしょう。

また、判断を下すときはあらゆる角度から検討することが必要ですが、「あまり調べもせず」結論を出していますので、「判断力」の項目で評価し、評語は「2」となります。

「責任感」は「姿勢」で「判断力」は「能力」です。そのため、A係長が「あまり調べもせず」回答した行動は、これらふたつの項目で評価することができます。

もちろん、「責任感」もしくは「判断力」のどちらかの項目のみ結び付けても構いません。

ロは、**「折衝・調整力4」**です。

公園を管理している公園緑地課と財政課という立場の違う当事者間の話し合いの技術を取り上げていますので、「折衝・調整力」で評価します。

このケースでは、論理と感情両方に働きかけて増額を確保していますので、評価は「4」が妥当でしょう。

ハは、**「人事評価の対象外」**です。

せっかくゴルフを練習して上達し、部長や議員とラウンドを楽しめるところまできたとしても、休日の行動は職務遂行行動ではありません。人事評価で対象とすることは適当ではありません。

評価フィードバック面接

人事評価の結果について、部下ひとりひとりと評価フィードバック面接を行います。面接の目的、準備、手順、留意点を押さえておきましょう。

■評価フィードバック面接の目的

上司と部下それぞれの評価結果を照合し、確認します。

仕事を通して「できたこととできなかったこと」「優れた発揮が見られた部分ともの足りなさや不足感を残した部分」について話し合い、今後の課題を明確にします。

評価フィードバック面接とは、部下本人にとっては今後の成長に向けた課題を自覚し、評価者である上司にとってはアドバイスが必要な点を明らかにする、**育成のスタートを切る機会**として位置づけられます。

また、仕事の業績とプロセスを振り返り、来期の職務編成を見直すための情報を吸い上げます。一年間仕事をして、やりにくかったこと、負荷を感じたこと、今後やってみたいことなどを部下から聞き出し、来期の職務編成に反映させていきます。

■評価フィードバック面接の準備

面接に向けて、上司は「業績評価」「能力・姿勢評価」を行い、またポイントを整理しておくことが必要です。

今期の仕事への取り組み姿勢の中で、ほめるべき点、注意が必要な点を整理するとともに、部下の能力プロフィールとしての**強み**と**弱み**を整理し、部下の行動特性を自分の言葉で説明できるようにしておきます。

その上で、部下の**能力開発課題**について、上司として自信を持って指摘できるように準備して臨みましょう。

■ほめるべき点&注意が必要な点

「ほめるべき点」「注意が必要な点」は仕事に向かう姿勢・態度の中に含まれていることが多いものです。「責任感は高いけども協調性が不足している」「決められたルールや基準を遵守しているが、積極性にものたりなさがある」というように、よい点とセットで注意点を指摘するとよいでしょう。

また、なるべく具体的な事実をもとに指摘するのが納得感を高めるコツです。

■強みと弱み

能力プロフィール上、どこが強みで、どこがもの足りないのか話し合うことが部下の気づきを生み、人事評価を受け入れる下地になります。

課題遂行面と対人関係面を比較するとどうか、課題遂行面に関しては「手堅さ」と「変革」という二つの観点から見るとどんなことが言えるのか、対人関係面では「リーダーシップ」と「コミュニケーション」に分けるとどうか、コミュニケーションの中でも「発信のスキル」「受信のスキル」「折衝・調整のスキル」に着目するとどうかというように、**本人の特性を比較しながら強弱を把握する**ことが評価フィードバックのポイントです。

■今後の能力開発課題

被評価者の能力プロフィール上の強みと弱みを整理し、今後の成長に向けた能力開発課題について伝えられるようにしておきましょう。

昇任・昇格など部下の二、三年先のステージを見据え、意識的に取り組んでもらいたいことや新しい役割を課題として伝えるとよいでしょう。また、その時は変えてほしい点、変えることで成長できる点をできるだけ具体的に指摘するとよいでしょう。

能力開発の基本は、**強みを伸ばし、弱みを克服する**ことです。強みは部下がこれから業績をあげるための源であり、弱みは逆に部下の足を引っ張ります。

人事評価、とくに能力・姿勢評価においては、「4」以上の評価がつく項目が強み、「2」以下の評価がつく項目が弱みだと考えられます。

能力・姿勢評価において、目安として「4」を三つ以上持てるように指導しましょう。また「2」以下の項目は「3」に引き上げるよう努力させましょう。

■業績・能力・中間項

高い能力をもっていても、期待される業績をあげられないケースがあります。

先述したように、それは周囲とのコミュニケーションに原因があることが多いのですが、組織の体制や上司自身に問題が潜んでいる可能性も否定できません。

業績に影響を与える能力以外の要因を**「中間項」**と呼んでいます。中間項には、外部条件、内部条件、本人条件があります。

業績があがらなかったのはこれら中間項の影響である可能性があっても、あくまで「結果をありのまま見る」人事評価では、評価の対象から外すことが必要です。

ただ、部下には中間項の影響で業績をあげられなかったという思いがあるでしょう。上司がその感情を切り捨てるような姿勢で評価をすると、部下は納得のいくはずがありません。上司としてはどのような中間項があったか、どのように影響していたかは把握しておき、面接の場で伝えることで、部下の納得感を高めることができるでしょう。

図16　業績・能力・中間項

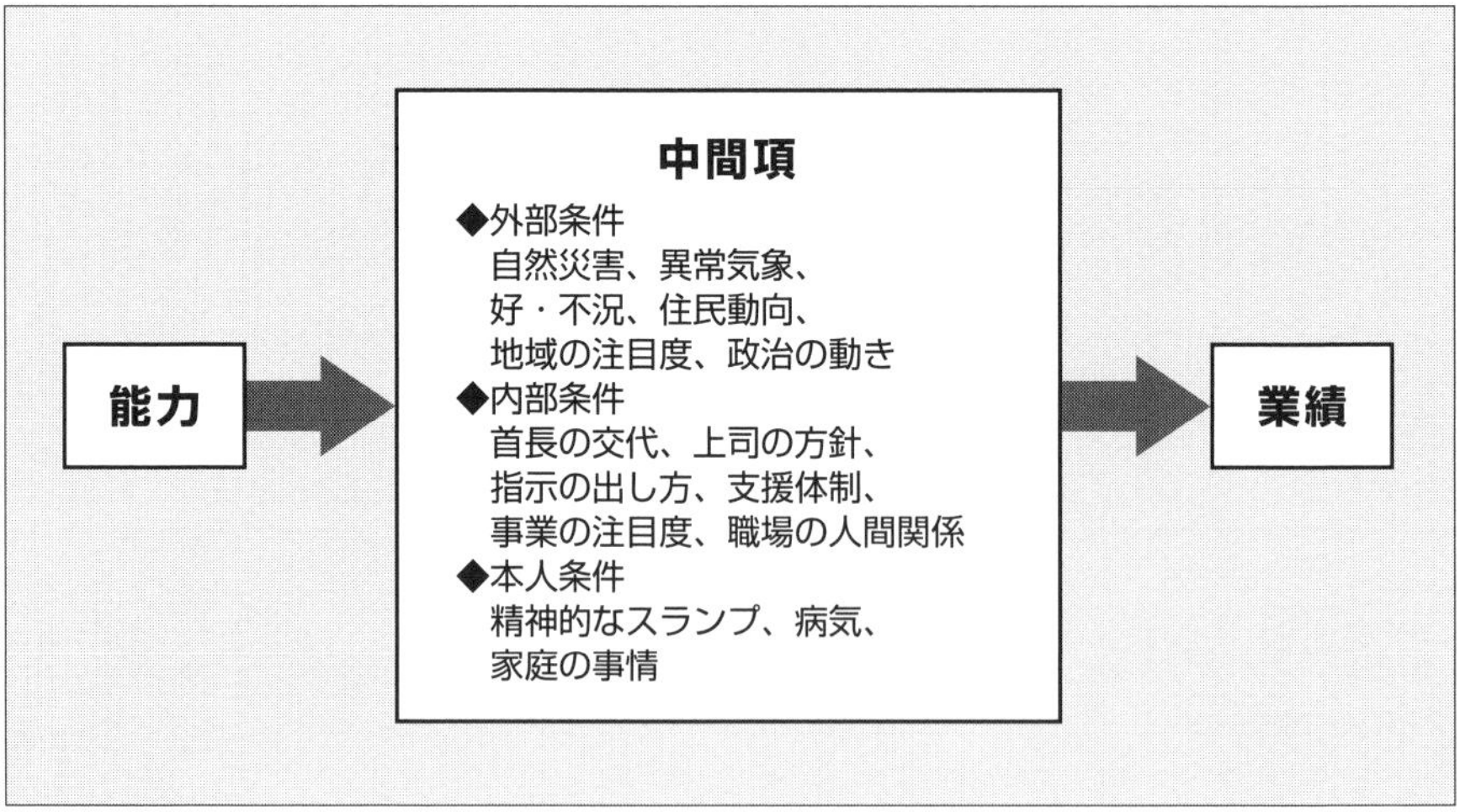

■評価フィードバック面接の手順

評価フィードバック面接はつぎの手順で行います。

①準備

面接の二、三週間前に面接日時、場所、面接内容（自己評価、評価の裏付け、来期に向けての課題、職務割り当ての改善希望など）を伝え、準備するように指示を出します。

評価者として、評価の裏付けデータ、行動観察記録、評価および評価コメントの記入、ほめるべき点、注意が必要な点、今後の能力開発課題、中間項の整理などあらかじめ用意をしておきます。

図 17　評価フィードバック面接の流れ

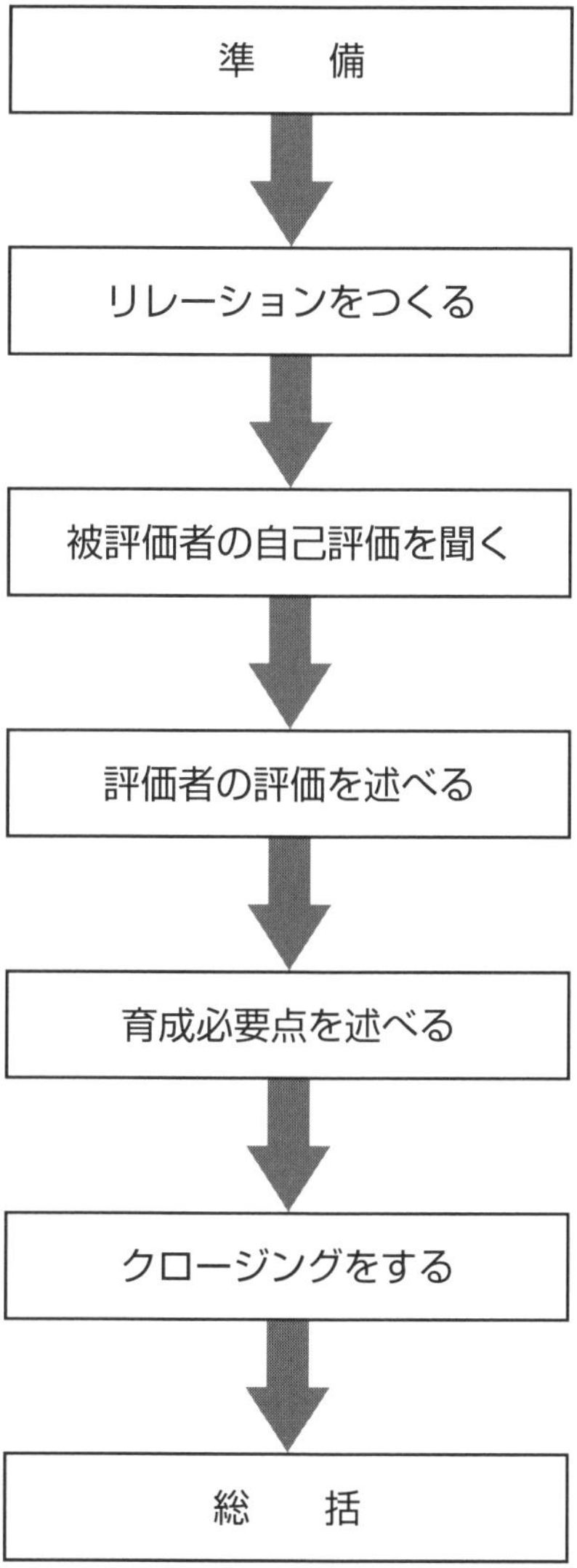

②リレーションをつくる

部下を迎え入れ、「一年間忙しかったね」「毎日ご苦労様」「今日は、一年間の仕事の結果とプロセスを振り返り、来期に向けた課題について話し合いたいと思う」などの言葉で労をねぎらいます。その上で面接の主旨を確認します。

③部下の自己評価を聞く

目標設定面談と同様に、「まずは、あなたの方から一年間を振り返って、期首に設定した目標の達成度と能力評価について自己評価の説明をしてもらえるかな」と促します。

部下が自己評価を説明するあいだ、否定したり、反論することは避けるようにします。相手の説明に耳を傾け理解を示すことが大切です。

④上司の評価を示す

部下の自己評価を受けて、上司から評価結果を説明します。

一致しているところと**一致していないところ**を中心に、評価結果を検討するような姿勢で臨みましょう。業績評価のフィードバックを先に行い、そのような結果に終わった原因として「能力・姿勢」に目を向けるようにします。

「評価はほぼ一致していると思うけど、二、三すり合わせが必要なようだね。目標設定面接では、アウトプットのイメージについてどういう確認をしたか覚えているかな」というような話し方によって**目標設定面接の内容を確認する**と面接を通して部下も評価を納得しやすいものです。

部下はプロセス全体で認めてもらいたいと思いがちですが、評価では結果だけを見ることが必要です。そのため、お互いの主張がかみ合わず平行線をたどるような展開にならないよう注意が必要です。

能力・姿勢について、ほめる点、注意が必要な点、強みと弱み、今後の能力開発課題の順に簡潔に伝えましょう。

例：「秋の収穫祭では準備段階からイベントの実施まで、なんとしても成功させようとする意欲が十分で、全力で取り組んでくれたね。住民にたいしても親切、丁寧で、フットワークの良さは、はたで見ていても好感が持てて良かったと思う。

一年間を通して、責任感や住民指向という点では申し分なかった。ただ、積極性という点でもの足りなさが残ったね。確実にやり抜こうとするあまり、これまでの方法にこだわってしまい新しいチャレンジや改善意欲が行動に結びついていなかった点がもの足りない。

仕事ぶりについては、手堅さと言う点では安心して仕事を任せることができた。報告、連絡、相談をきめ細かく行って確実に業務を進めていたし、状況判断も的確でまちがいのない仕事が実践できていた。このあたりはあなたの強みと言ってよいだろう。

そのいっぽうで、現状を分析して対案を打ち出していく改善力については厳しい評価結果になってしまった。毎年実施している緑化フェアでは、今年は若者に焦点を当てて斬新なイベントを組むようにとの指示を出したが例年と変わらずイベント会社に丸投げの状態だった。

その他、住民との検討会で出てきた問題点を整理して報告書を上げてくれたけど、来年度の制度改善に向けた資料としては不十分でやり直しを命じたよね。現状を変えていく力も、手堅さとおなじように仕事の大事な要件なので意識して力を磨いてもらいたい。

対人関係面では、よいところと悪いところの両面が出てしまったようだ。対住民との関係では、住民の主張にていねいに耳を傾け、言うべき場面では市の立場をわかりやすく明解に伝え、住民の納得につながっていた。逆に、組織内の対人関係になると主張の強さが前面に出てしまい配慮に欠ける場面も見られた。人は人、自分は自分、といった姿勢が出がちなように見えるけどもこの点についてはどうなのだろうか。…」

⑤育成必要点を述べる

部下と評価結果のすり合わせをしながら、今後の自己啓発課題について率直に話し合い、認識を共有していきます。

例：「今後の自己啓発課題について自分ではどう考えているのかな…。私からはまず、職場の中核職員としての自覚を持った仕事ぶりを意識してもらいたいと思っている。いい仕事、大きな仕事をしていこうとしたらひとりでは当然限界があるわけで、メンバーの力を借りながら、メンバーとのコミュニケーションをとりながら一緒になって仕事をしていくことが必要になってくる。来期は、チームリーダーとしての役割を果たしていくことを期待したい。

また、改善力については、上の階層にいくほど要求される能力だ。一朝一夕に効果が表れる方法はないけども、問題解決に関する基本図書をまずは一冊読み込んで、自分の思考のクセや傾向をつかんでおくことがスタートだと思う。セミナーをはじめ研修への参加、OJTの機会もつくっていくので、自己啓発にも意欲的に取り組んでもらいたい。自己啓発への取り組みは積極性評価の着眼のポイントでもあるのでね…」

⑥クロージングをする

業績評価、能力・姿勢評価について、評価フィードバックの結果を確認します。部下に異議がある場合は、評価制度にもとづく申し立てについて手順や方法を説明するようにします。

最後に、上司としての協力・支援の姿勢を示し、来期に向けた期待を示して面接を締めくくります。

■評価フィードバック面接の留意点

①話しやすい雰囲気をつくる

部下の緊張感をほぐすような配慮が欲しいところです。ゆっくりと話ができる場所を確保し、時間に余裕を持たせることが大事です。

評価フィードバック面接は、部下が一年間を振り返り、自身の成長に向けた課題と向き合う場面です。配慮を示し、自由にモノが言え、自分の頭で考えることができる雰囲気づくりを心がけ、自己決定を見守り支援するスタンスで臨むようにしましょう。

②事実を確かめあう

評価フィードバック面接では、事実を確かめながら面接を進めていくことが大切です。仕事の業績や期間中の行動を事実として示すことが納得感につながります。事実を示さずに、評価結果を伝えるだけの面接になってしまうと、部下には釈然としない感情が残り、不信感を醸成することにつながってしまいます。

③業績を称える

部下が挙げた顕著な業績にたいしては惜しみない賛辞を贈るようにします。部下は、業績を上司から認められ賞賛されることに喜びを覚えるものです。満面の笑みを贈ることがよりいっそう賞賛の効果を高めるでしょう。

これが部下の内側で成功体験として刻み込まれ、より成長するきっかけになります。成功に嫉妬したりせず、部下の手柄を受け止める度量が必要です。

④原因に目を向ける

目標達成度の確認ができたら、外部条件、内部条件、本人条件、姿勢、部下自身の能力の順に理由を検討しましょう。能力を正しく見るためには、周辺の要素や条件を取り払う必要があります。

原因を自分以外に求める傾向が強い部下には、部下の能力のなかでも比較的改善しやすい原因に目を向けるように指導します。

⑤評価フィードバック面接は最高のＯＪＴ

評価フィードバック面接は年に一度しかない最高のＯＪＴであるという認識を持って臨むことが大切です。そのためには、面接に向けた入念な準備が必要不可欠です。面接でなにを伝えるか、どう変わってもらいたいのか、そのためになにが必要か、管理者としての思いと意志にプラスして、育成プランを念頭に置くことが必要でしょう。

⑥職務改善の提案を求め、ともに検討する

ひとりの職員に割り当てられた仕事の全体を職務といいます。職務内容をどのように編成するかはそのときどきの組織の事情によって制約を受けますが、仕事のしやすさや業務効率の点から毎年見直しをする対象です。被評価者がどのようなとらえ方をしていたかを把握するとともに、来期に向けた職務編成に向けた検討をします。

⑦人格を批評しない

部下の人格や人間性を傷つけるような批評は厳に慎まなければなりません。人事評価の対象はあくまでも職務行動です。指摘や批評の対象は職務行動に限ってゆるされます。被評価者の人格、性格、価値観、容姿等について、上司は論評する立場にはありません。

⑧感情的にならない

面接は議論の場ではありません。議論は会議の場でするものです。議論になると相手にも「負けたくない心理」が働きます。そうすると、受け入れまいとする防御の姿勢が出てしまい、なんのための面接なのか、目的を逸脱してしまうことは明らかです。

面接では、素直な気持ちで自身と向き合う雰囲気づくりが大切です。評価者は終始、冷静で親しみある態度で接することを心がけましょう。

⑨期待を表明する

面接の締めくくりは期待の表明です。人は期待されるとなんとか期待に応えようとして行動するものです。面接の最後に、期待していることを相手に伝え、好意的な人間関係を土台に、挑戦意欲を引き出すようにして面接を締めていきます。

第5章

公正な評価

評価情報の収集

この章では、評価者が人事評価を進めるうえで踏まえるべき基本的な考え方や、組織をマネジメントするうえで役に立つ方法やコツについて説明します。とくに評価の公平性に重点をおいて考えてみたいと思います。

人事評価を行ううえで気を付けたいことはつぎの三つです。

まず、部下の行動を日々記録に残すことです。どのような行動に着目するか、またどのように記録するとよいかについて本章で解説します。

つぎに、評価のあやまり、すなわち評価エラーを避けるため、評価者は自らを振り返り「人を評価するときにどのようなクセと傾向を持っているか」について自己分析して、自覚を持って評価に臨むことが必要です。

最後に、部下とのあいだに信頼関係を作ることが大切です。評価者の心得として、人間関係を重視することは大前提となります。

■評価情報の収集とマネジメント

それでは、どうやって日々の評価情報をあつめ、記録してゆくか見ていきましょう。

人事評価において記録に残すべき情報とは、仕事にはどのように取り組んでいたのか、仕事のプロセスで発生した問題にはどのように対処し、どのように関係者とコミュニケーションをとり、メンバーとの協力関係はうまくいっていたのか、などといった具体的な仕事のプロセスにほかなりません。

　また評価情報の収集は、マネジメントをどれだけ効果的に実践できているかのバロメーターでもあります。


評価情報は部下の様子をただ漫然と眺めているだけでは収集できません。上司は日々意識して部下の行動を観察し、こまめに記録をつけましょう。

　定期的に行動を報告させるようなルールを定めるとよいでしょう。情報収集の負担が軽減されるだけでなく、自分から申告した内容をベースに評価されることで、部下にとっても期末の評価をうけいれやすくなるでしょう。

　たとえば、被評価者から毎日、報告を受けることをルール化したり、会議やミーティングで進捗状況を確認し対応策を話し合うようにします。つぎの定例会議で報告を求め、成果とプロセスを確認することで、部

図 18　評価サイクル

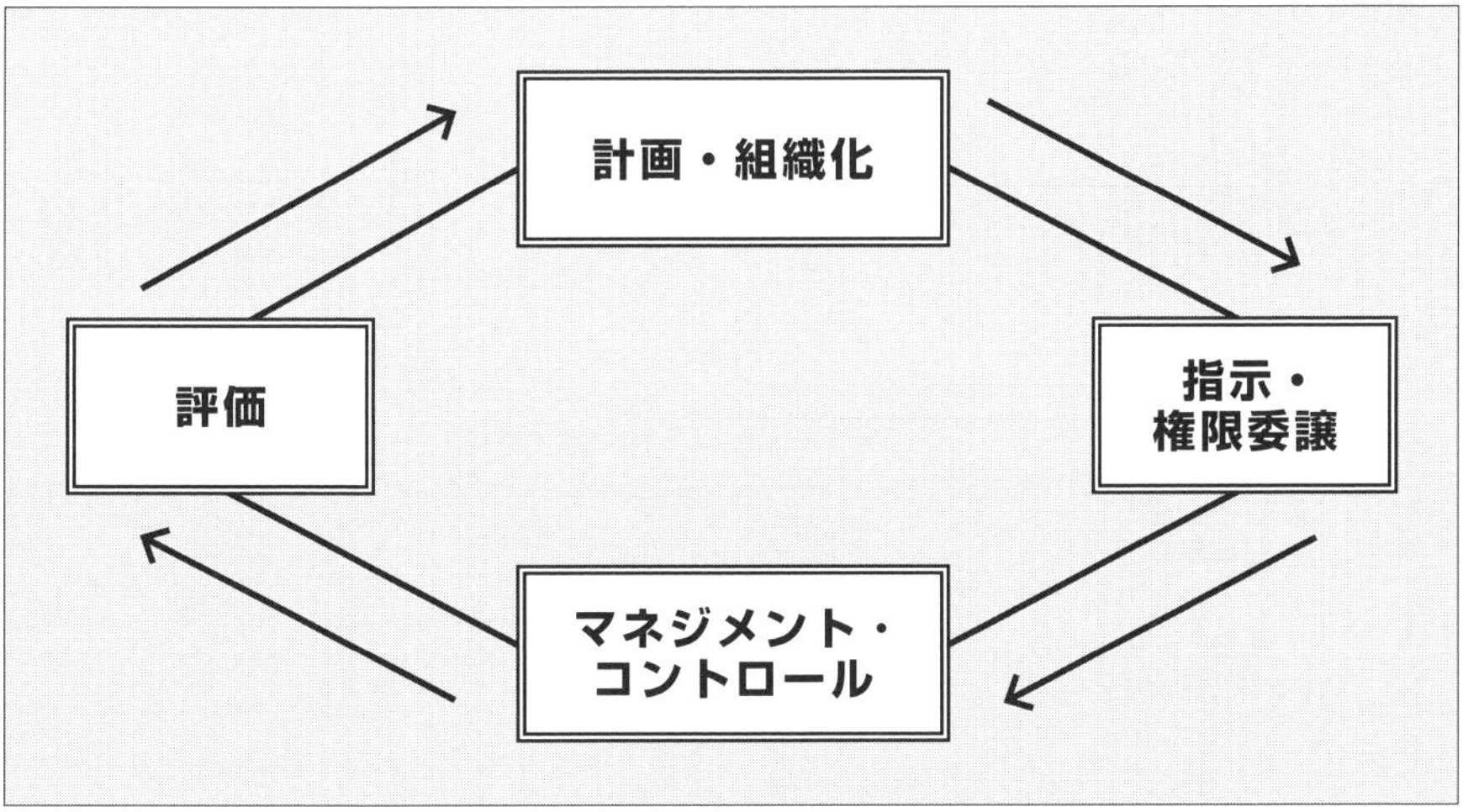

下がどのような目標達成行動をとったかを把握することが可能になります。

■行動観察記録

毎日、日記をつけるように部下の行動を記録することができればよいのですが、多忙な上司にはなかなか難しいのが実際でしょう。また出張や現場視察など職場を離れてしまうと部下を観察できなくなります。

そこで、商品の棚おろしを毎月行うのと同じように、部下の行動記録は毎月まとめておくようにします。

そのさい、部下ひとりについて毎月二点を目安に記録しておけば、一年で二十四の行動記録を集められます。

あとで読み返して行動の内容が分からないようではせっかくの記録が無駄になってしまいます。また、行動観察記録は直接の評価者である上司だけでなく、二次評価者も資料として活用します。自分だけわかるようなメモではなく、だれが読んでも判断できるように具体的で、かつ簡潔明瞭な記録を残しましょう。

例：

×……Y看護師、連絡ミスにより、患者さんから苦情。

○……Y看護師、患者さんの内視鏡検査の予約を入れていなかったため約束していた時間に検査ができなかった。患者さんから「最後でいいよ」と言われ、予約変更しなかった。他の職員から翌日報告があったものの、Y看護師の報告はなかった。

行動観察記録をつけてみると悪い行動ばかり記録していた、ということもよくあります。目についたり、記憶に残る行動は概して悪いものが多く、よい行動は記憶に残らないものです。

しかし、どんな部下でもかならずよい行動もとっているはずです。部下のモチベーションを高めるためにも、よい行動を意識して記録するようにしましょう。

また、記録することは事実だけに限定することが肝心です。個人的な感想を記録したり、「よい」「悪い」の判断を記録しないように注意してください。

例：

×……A君がまた遅刻した。困ったものだ。

○……A君が寝坊で四五分遅刻。今月はこれで二回目。

- **毎月、部下ひとりについて二点を目安に記録する**
- **記録は具体的かつ簡潔明瞭に**
- **よい行動も記録する**
- **主観的判断を入れず事実のみ記録する**

コラム②：SABOモデル

できるだけ事実を具体的に記録しようと思っても、あとで読み返すとあいまいな表現が目立ったり、主観的な判断ばかり記録していた、ということもあります。

そういうときには、ルールにのっとって記録するようにするとよいでしょう。

記述するさいのルールとして5W1Hなどがありますが、ここでは構造化インタビューの手法である「SABOモデル」をご紹介したいと思います。

「SABO」とはそれぞれ「状況」「任務」「行動」「結果」をあらわす英語の頭文字です。この四点を記述するようにすると、あとで読み返した時に理解しやすい、よい記録になると思います。

図19　SABOモデル

S … **SITUATION　状況、環境**
言動を取り巻く状況・環境であり、“なぜ”その特定のアクションがとられたのかがわかる情報が含まれていることです。

A … **ASSIGNMENT　任務、役割**
言動が見られた時点で、行為者に与えられていた任務・仕事のことです。“何のために”そのようなアクションを起こしたのかがわかる情報が含まれていることです。

B … **BEHAVIOR　言動、アクション**
S＋Aが示す“場”に関連した言動そのもの、すなわちアクションや反応のことです。任務、仕事を遂行する上で何らかの刺激や他者からの影響を受けた際にどうしたのかという行動のステップも含まれます。

O … **OUTPUT　結果、変化**
その言動はどのような結果、影響をもたらしたかを示すもので、行為者の言動が効果的であったかどうかを理解できる情報が含まれていることです。

評価エラー

人事評価においては評価者が気を付けていても無意識にクセや好み、偏りが出てしまいます。こうした心理的なあやまりを**「評価エラー」**と呼んでいます。

評価者は評価における自身のクセや傾向を自覚し、できるだけエラーが生じないように努力することが必要です。

ここでは、評価エラーの発生メカニズムを探り、エラーの代表的なパターンと対応策を見ていきましょう。

■評価エラーのパターン

評価エラーにはつぎの代表的なパターンがあります。

①ハロー効果

ハロー（ｈａｌｏ）とは英語で言う「後光」、つまり後ろから指す光のことです。

人物のうしろから強い光がさすとその人物の姿が見えなくなってしまうように、なにかひとつよい印象があるとその人のなにもかもが良く見えてしまうといった、部分的印象で全体を評価してしまう傾向のことを「ハロー効果」と呼んでいます。

たとえばいつも無遅刻無欠勤で感心だという印象があると、仕事の成果やプロセスも優れていると判断してしまうことがあります。

ハロー効果は陥りやすい代表的な評価エラーです。ハロー効果によるエラーを防止するためには、つぎのような対策が考えられます。

・部下に抱いている偏見、先入観、特別な感情を排除して評価にあたること
・事実に基づく情報を計画的に収集し、これに基づいた評価を行うこと
・各評価項目ごとに、すべての部下を評価する横断的評価を行うこと

②寛大化傾向

実態より甘い評価をしてしまう傾向のことを**「寛大化傾向」**と呼んでいます。

これは、評価基準についての理解不足から生じるほか、評価力に自信がない場合や、厳しく評価をした結果、部下の反発を招くのを恐れる気持ちからも発生します。

また、他部門との競争意識が強い場合に自部門を甘く評価するケースもあります。

寛大化傾向によるエラーを防止するためには、つぎのような対策が考えられます。

・評価基準、とくに標準レベルの評価に対する理解を高めること
・甘い評価は、長い眼で見ると部下の育成にマイナスであることを肝に銘ずること
・評価者が、自己の評価能力や評価技術を向上させ、自信をもって評価すること

③中心化傾向

多くの部下に標準的な評価を下し優劣がはっきりしない傾向のことを**「中心化傾向」**と呼んでいます。

寛大化傾向と同様に、部下の反発や職場の軋轢を恐れる気持ちや、評価基準の理解が浅く自信を持って評価できていない場合に発生します。

中心化傾向によるエラーを防止するためには、つぎのような対策が考えられます。

- **管理者としての責任意識を持ちプロセス管理をしっかりと行うこと**
- **客観的事実にもとづく分析的な評価を徹底すること**
- **評価基準をよく理解すること**

④二極化傾向

中心化傾向とは逆に、ほとんどの評価が最高評価か最低評価に分かれてしまう傾向のことを**「二極化傾向」**と呼んでいます。

好き嫌いの基準がはっきりしているタイプの評価者に起こりやすい現象です。どちらかというと感情的な評価が主になっており、事実にもとづく分析的なアプローチが弱いことが原因です。

また、中心化傾向をさけるあまり、評価結果が二極化してしまうこともあります。

二極化傾向によるエラーを防止するためには、つぎのような対策が考えられます。

- **評価基準をよく理解すること**

- **先入観、固定観念を捨て、客観的事実にもとづいて評価すること**

⑤論理誤差

「統率力」が高いから「人材育成力」も優れているはずだ、などと本来は別の評価項目を関連付け、おなじ評価を下してしまうことを**「論理誤差」**と呼んでいます。本来は評価項目ごとに事実をもって評価するはずが、論理誤差が影響するとバイアスがかかった評価になってしまいます。

論理誤差によるエラーを防止するためには、つぎのような対策が考えられます。

- **評価は評価基準にもとづいておこない、自分だけの判断を優先させないこと**
- **客観的事実にもとづく評価に徹すること**
- **部下全員に対し横断的評価を行うこと**

⑥対比誤差

評価者が得意とする領域では評価が厳しく、反対に評価者が苦手とする領域では評価が甘くなる傾向を**「対比誤差」**と呼んでいます。評価者が自分の能力レベルや行動基準、価値基準を判断基準として評価することが原因です。

対比誤差によるエラーを防止するためには、つぎのような対策が考えられます。

- **主観的な基準を持ち込んでいないか謙虚に振り返る**
- **能力要件以上の能力を不当に期待しないこと**

・自分と反対の専門領域、能力特性をもつ部下や、自分と同じ経験を有する部下の評価ではとくに公正な評価を意識すること

■評価エラーの発生メカニズム

では、評価エラーが発生するメカニズムについて考えてみましょう。

図のように、各種の評価エラーは大まかに「寛大化」「中心化」「厳格化」のいずれかに分類されると考えられます。

評価についての理解、情報、技術の不足や、評価者の思惑が評価エラーの原因と考えられます。またそれに加えて、組織から十分な説明が不足していたり、評価者のトレーニングを実施していないか、不足していることなど、組織に原因がある場合も考えられます。

九州大学の古川久敬教授は「情報処理のコスト低減」「親和動機の抑制ができないこと」「自己中心的な情報処理」および「論理的な推論」の四点を評価エラーの原因に挙げています。

①情報処理のコスト低減

レッテルを張る、という表現がありますが、人を簡易に理解する方法として人物をカテゴリー化してそのカテゴリーにある特徴を持ってステレオタイプに評価する傾向です。

「東北の人は粘り強い」「イタリア人は陽気だ」「銀行員は誠実である」といった単純化した人物評価がこれに該当します。

②親和動機

「人から嫌われたくないという」という心理が誰にもあります。この心理が影響し、人事評価において甘い評価を好み、厳しい評価を避ける傾向として現れます。

③自己中心的な情報処理

人間は他人を評価するさい、自分と重ね合わせたり、自分と比べて判断する傾向があります。「オレの若いときとそっくりだ」「オレと比べるとあいつはまだまだだ」という思いがこれに該当します。

④論理的な推論

人間は頭の中で解釈を加え論理的に人を理解しようとする傾向があります。「性格が明るく人から好かれるタイプなので協調性も高いに違いない」などと判断することがこれに該当します。

図 20　評価エラーの発生メカニズム

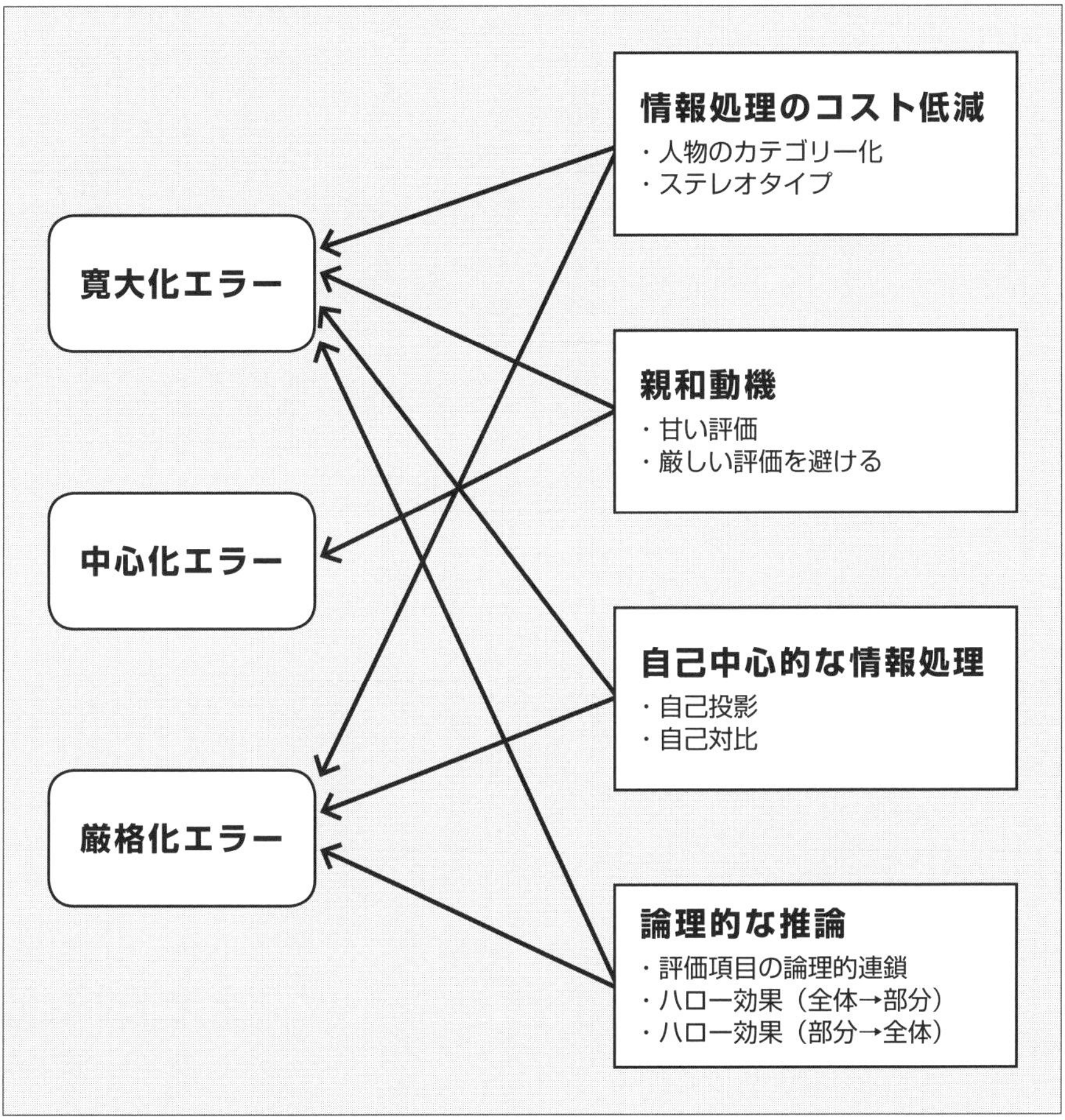

「基軸づくり―創造と変革を生むリーダーシップ」（古川久敬著、日本能率協会マネジメントセンター）を参考に作成。

評価者の心得

これまで、人事評価の基本知識や進め方、評価者としてよい評価を行うための方法について学んできました。評価者に求められる知識としてはこれで十二分に身についたのではないかと思います。

ただ仕事とはそもそも人と人との関係が基礎になっています。人間と人間の信頼関係を無視してはどんな技術も知識も無意味です。

では最後に、評価者に求められる心構えについて考えていきたいと思います。

■評価に対する不信を理解する

評価制度の運用において、被評価者から反感や反発を持たれることがあります。

評価者はこうした反応の背後にある不信の原因をとらえ、できるだけ除去するように努めることが大切です。

①評価者に対する不信感

評価者の評価能力、評価技術、評価態度について、被評価者が不信感を持つことがあります。

たとえば面接の場で「この忙しいときに評価なんかやってられるか」といった態度を示されて、評価を受けたいと思う部下がいるでしょうか。

「あの人から評価を受けたくない」という拒絶的な反応が生まれてしまうと評価の目的を果たすことは困難になります。評価者と被評価者との間の信頼関係は絶対に不可欠です。

②評価されることへの不信感

人間はだれしも評価されることを嫌うものです。

人事評価において、評価をされる部下が抱くこの嫌悪感を念頭に置いておかなければ、思わぬ不信感を植えつけてしまう場合があります。

具体的には、評価の透明性や公平感がかけていると、部下の反発を招きやすくなります。たとえば、どのような基準で評価されているか不明だったり、評価者によって評価がまちまちだったりすると、評価されること自体への不信感を招き、結果として評価者自身への不信感にもつながります。

③評価が固定化することへの不信感

とくに、減点主義による人事管理を行っている組織で起こりやすい問題です。

減点主義の人事管理においては、一度マイナス評価を下されると挽回するのは簡単ではなく、また評価制度自体に不信感を持たれてしまいます。

あるいは昇格・昇進させたくないがゆえに、些細なミスを見つけてマイナス評価をつけているようにとらえられやすくなります。

このような不信感をいだかせているようでは、積極的な挑戦意欲は生まれないでしょう。

図21　評価に対する不信

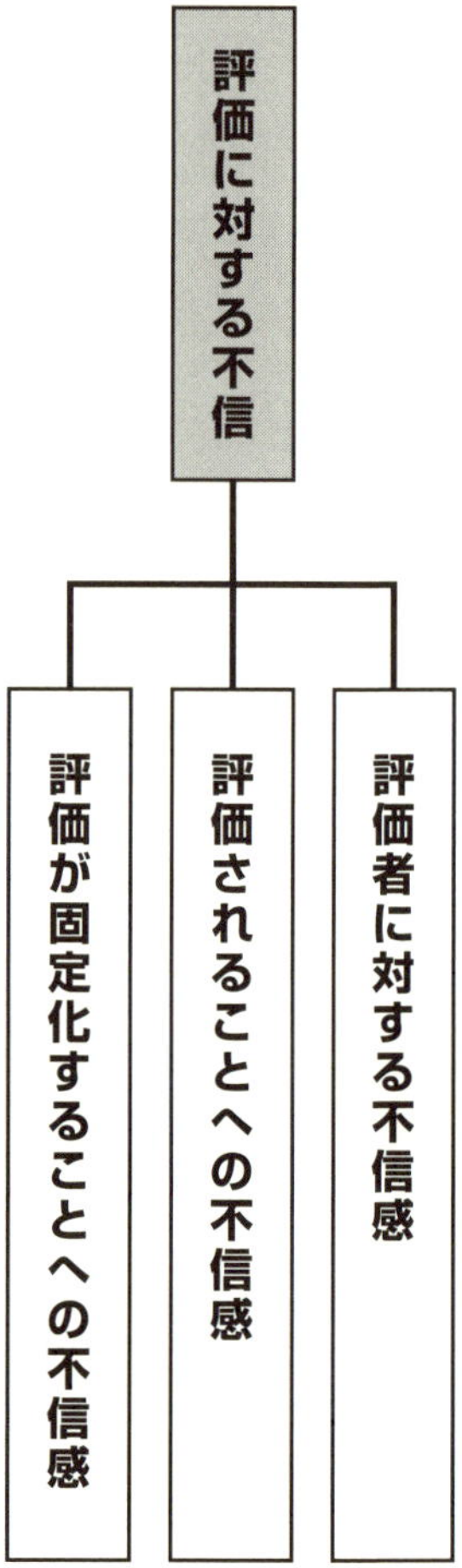

■部下の「四つの心」を理解する

評価者が被評価者との間に信頼関係を形成し、お互いに納得のいく人事評価を実施するには、部下の心理について理解を深めることが必要です。

また、自らの評価姿勢や態度をチェックし、自己分析しておくことが大切です。

一般的に、部下の心理としてつぎのような「四つの心」が働くとされています。

①公正を求める心

部下は上司にたいして**「公正」**さを求めるものです。

たとえば昇進・昇格の決定、昇給・勤勉手当の決定、異動の選考、仕事の割り当てなどにひいきがあることを非常に嫌います。

上司とのコミュニケーションの頻度についても、ある特定の部下だけと親しくしていると不満に思われがちです。

②認識を求める心

部下は、上司や組織にたいして、自分の役割の重要性、仕事の成果、目標達成への貢献、能力の発揮度・発揮水準について認めてもらうことを常に求めています。

そのため、上司が部下のはたらきを信頼し認めることは部下の動機づけに大きな影響を及ぼします。

③機会を求める心

部下はさまざまなチャンスを求めています。

たとえば、昇進・昇格、新しい仕事や責任ある仕事にチャレンジする、プロジェクトチームへの参画、能力開発、外部セミナーへの出席といったチャンスを求める心が部下には働くものです。

④安定を求める心

新しいチャレンジあるいはチャンスを求める心が働く一方、「安定」を求める心も部下の内側には働いています。

■部下との信頼関係づくり

多くの職場では、部下は上司とのコミュニケーションが不足気味だと感じ、上司からの仕事に関する指導・助言・フィードバックがもっと欲しいといつも期待しています。また、自分が上司の立場になったときには、部下にたいしてきちんと指導・助言ができるようになりたいと考えています。

部下は誰もが「いい仕事」をしたいと願っているはずです。またいい仕事をするためには努力を惜しまないと考え、たとえ外にはあらわれなくとも「今回の仕事の進め方はこれでよかったのか」「もっと違ったやり方はなかったのか」など細かく反省したり、自問自答したりしているものです。

部下の問題意識や成長する意欲を伸ばしていくためには、日頃から部下とのあいだに相談しやすい雰囲気を作り、おたがいの信頼関係を築いていくことが必要です。信頼関係がないところでは、人事評価制度を導入した効果はあまり期待できません。

評価を通して人材を育成するには、こうした日頃からの地道な努力が必要です。

部下とのコミュニケーションと信頼関係づくりこそ、組織の管理者に求められる基盤であり、よいマネジメントの出発点です。

そのためには、管理者はみずから率先して行動するほか、自分自身を厳しく評価していなければならないでしょう。

▶**「クリティカルシンキング　入門篇」**
E. B. ゼックミスタ＆ J. E. ジョンソン著
宮元博章，道田泰司，谷口高士，菊池聡訳　北大路書房　1996

▶**「クリティカルシンキング　実践篇」**
E. B. ゼックミスタ＆ J. E. ジョンソン著
宮元博章，道田泰司，谷口高士，菊池聡訳　北大路書房　1996

▶**「新版［図解］問題解決入門　問題の見つけ方と手の打ち方」**
佐藤允一著　ダイヤモンド社　2003

▶**「モチベーション入門」**田尾雅夫著　日本経済新聞社　1993

▶**「人を育てる　カウンセリング・マインド」**國分康孝著　生産性出版　1989

▶**「カウンセリングの技法」**國分康孝著　誠信書房　1979

▶**「産業カウンセリング」**
日本産業カウンセラー協会編　日本産業カウンセラー協会　1998

▶**「人間関係づくりトレーニング」**星野欣生著　金子書房　2002

参考文献

▶「**人材マネジメント入門**」森島基博著　日本経済新聞社　2004

▶「**人事考課の手引**」楠田丘著　日本経済新聞社　1981

▶「**人事管理入門**」今野浩一郎，佐藤博樹著　日本経済新聞社　2002

▶「**人事考課の実際**」金津健治著　日本経済新聞社　2005

▶「**目標管理の手引**」金津健治著　日本経済新聞社　1995

▶「**目標管理の面接技術**」金津健治著　経団連出版　1998

▶「**人事考課者マニュアル**」大川幸弘著　生産性出版　1990

▶「**自治体の人事システム改革**」稲継裕昭著　ぎょうせい　2006

▶「**評価者のための自治体人事評価Q＆A**」稲継裕昭著　ぎょうせい　2013

▶「**地方公務員人事評価制度の手引**」
地方公務員人事評価制度研究会編　ぎょうせい　2015

▶「**目標管理の深耕**」株式会社東芝編　青葉出版　1977

▶「**目標による管理**」幸田一男著　産業能率大学出版部　1989

▶「**基軸づくり―創造と変革を生むリーダーシップ**」
古川久敬著　日本能率協会マネジメントセンター　2003

▶「**コンピテンシー・マネジメントの展開―導入・構築・活用**」
ライル M. スペンサー＆シグネ M. スペンサー著
梅津祐良，成田攻，横山哲夫訳　生産性出版　2001

▶「**マネジメント［エッセンシャル版］**」
P. F. ドラッカー著　上田惇生編訳　ダイヤモンド社　2001

▶「**新・管理能力の発見と評価―パーソナリティからの新しいアプローチ**」
佐野勝男，槇田仁，関本昌秀著　金子書房　1987

▶「**新訂　性格の診断―人をみぬく知恵**」佐野勝男著　大日本図書　1993

▶「**史上最強の人材評価システム**」佐藤幸一著　第二海援隊　1998

▶「**人材マネジメント革命**」高橋俊介著　プレジデント社　1994

▶「**7つの習慣**」スティーブン・R・コヴィー著　キングベアー出版　1996

▶「**入門から応用へ　行動科学の展開―人的資源の活用［新版］**」
P. ハーシィ＆K. H. ブランチャード＆D. E. ジョンソン著　生産性出版　2000

著者略歴

桜井　義男

昭和 29 年 4 月生まれ。
立命館大学法学部を卒業後、株式会社日本コンサルタントグループに入社。営業所長、企画推進部課長、アセスメントセンター長、人材マネジメント研究所長などを経て現在、コンサルティング部長兼執行役員。目標管理と評価者研修、360 度評価フィードバック、人材アセスメント、キャリアデザイン、管理者研修、組織活力診断などのテーマを専門に、自治体・民間企業における人材開発関連のコンサルティング実績多数。
主なコンサルティング実績：山形県、岩手県、沖縄県、新潟県、群馬県、神奈川県綾瀬市、神奈川県茅ケ崎市、千葉県我孫子市、名古屋市、千葉県船橋市、尼崎市総合文化センター、衆議院事務局、日本原子力研究開発機構、高齢・障害・求職者雇用支援機構、統計センター、国際協力事業団、ＪＡ長野厚生連など。ほか民間企業での実績も多数。

装幀　土屋 光／Perfect Vacuum
組版・印刷・製本　日経印刷株式会社

自治体職員の評価力を高める
人事評価＆目標管理の基礎

2015年11月30日　初版第1刷　発行

著　者　桜井　義男
発行者　清水　秀一
発行所　株式会社日本コンサルタントグループ
〒161-8553　東京都新宿区下落合三丁目22-15
電話：03-3565-3729　FAX：03-3953-5788
振替：00130-3-73688

ISBN　978-4-88916-511-1　C3032